3

はじめに

香川県には「こんぴらさん」として知られる日本有数の観光地、金刀比羅宮が県央地区にある。江戸時代より「お伊勢参り」とともに「讃岐の金毘羅さん参り」がレジャーとして認められていたことから、庶民の間で人気があった。

明治以降、本州側からの交通機関は下津井港から丸亀・多度津港へのルートが一般的で、港から金刀比羅宮への交通機関として多度津・丸亀を中心とした鉄道網が相次いで開通することになる。瀬戸内海からの海上交通も活発になり、大阪商船との接続で金刀比羅宮への参拝客がさらに急増した。

一方高松港側は発展が遅れてきたが、山陽鉄道で岡山に出て岡山市内の旭川から高松までの連絡船が就航すると、ようやく高松も活気が出るようになった。それが大きく発展したのは岡山から宇野港までの宇野線が開通し、宇野港から国鉄連絡

船へのルートが四国入りをする際の動脈になった1910（明治43）年のことで、それに合わせ四国の鉄道網も高松を起点に高知・松山・徳島へと整備されていったため、それまで盛況だった多度津から丸亀ルートが次第に廃れていった。これは本州側から四国の鉄道側を結んだ国鉄連絡船の大きな影響であった。

活気づいてきた高松では私鉄の開業が続き、高松電気軌道、東讃電気軌道、琴平電気鉄道、屋島登山鉄道、八栗登山鉄道、塩江温泉鉄道と相次いで開業した。特に琴平電気鉄道は大西虎之助社長が理想を高く掲げて東京・大阪に匹敵する鉄道を開業、高松駅（現・瓦町駅）地下にはレストランを、琴平駅の２階にもレストランを営業するなど積極的な営業施策を次々に実験、さらに目線は関西地区に向けられ、地元銀行を巻き込んで経営不振だった神戸有馬電気鉄道に出資したことも四国地方の鉄道からの挑戦だった。

戦時中の国策により、高松を中心にした３つの鉄道は統合され高松琴平電気鉄道としてスタート、地域鉄道としての道を歩み始めた。戦後の高松市内の復興に合わせて、琴平・長尾・志度線の３線を一体的に運営して、規格統一、瓦町駅の改良で３線の乗り換えができるようにしたのが、大西禎夫社長であった。また県下の名所旧跡を観光できる栗林公園・屋島・琴平を結ぶ鉄道バス路線を充実させ香川県観光コースを作り上げたことは記憶にとどめたいことであろう。

上巻では高松琴平電気鉄道になる以前、それぞれ性格が異なる前身私鉄三社時代を中心に、沿革および各社の車両について纏めることにしたい。

志度線房前付近は、車窓より志度湾を一望する格好の撮影名所として知られる。四国水力電気時代の1928（昭和３）年に製造された小型ボギー車50型（56+52）が行く。
1961.1.31　房前－塩屋　P：高橋　弘

1. 高松琴平電気鉄道の沿革

現在の高松琴平電気鉄道は、歴史の異なる３つの会社を戦時中に統合して発足した会社である。現在営業している琴平線・志度線・長尾線にはそれぞれの歴史があるので、創立の古い順に沿革を紹介したい。なお琴平電気鉄道の傍系会社となる塩江温泉鉄道は琴平線の沿革とともに紹介したい。

1912(明治45) 年創設の長尾駅。木造２階建ての駅舎は1986(昭和61) 年に建てられたもので、やや古風なデザインとしている。
2017.4.1　P：宮武浩二

駅舎内のガラスに旧駅舎時代の高松電気軌道の社紋を残している。
2017.4.1　長尾　P：宮武浩二

1.1　長尾線の高松電気軌道

明治時代、香川県の西部から鉄道建設の機運が高まり、讃岐鉄道(現在のJR土讃線の一部) と琴平参宮電鉄が多度津港を中心に丸亀港、琴平までを開業するなど発達していく一方で、高松を中心とした県東部地区は交通の便が悪く、遅れをとっていた。

そこで東部地区の発展には鉄道の敷設が欠かせないものとして、高松の財界有志が高松～長尾間の電気鉄道敷設の特許を出願、特許を得たので旧高松藩士を中心としたメンバーで1909(明治42) 年に高松電気軌道株式会社が設立された。土地の買収や設備機器を準備し、1912(明治45) 年４月30日に高松出晴～長尾間14.4kmを開通、東讃地区の発展に大きく寄与した。

一時期バスやタクシーの攻勢のため営業不振も続いたものの、戦時体制になると同時に経営は好転、輸送量の増加(定員40名８両の電車で380%) に車両や乗務員が足らなくなる事態となった。

高松電気軌道は1943(昭和18) 年11月、国の交通事業統合策で新しく設立された高松琴平電気鉄道に琴平電気鉄道・讃岐電鉄とともに合併され、高松琴平電気鉄道長尾線として再スタート。旧高松電気軌道は軌間が狭軌(1,067mm) で、車両の融通が出来ないことから標準軌に改軌することが緊急の工事とされ、1945(昭和20) 年６月に完成し、志度線と線路が繋がることで輸送力の増強が図られた。

1.2　志度線の東讃電気軌道 (→四国水力電気電車部→讃岐電鉄)

志度線の前身は、東讃電気軌道が1911(明治44) 年

■屋島遊覧電車御案内　四国水力電気株式会社　現存する志度線と、廃止された市内線の路線図。　資料所蔵：宮武浩二

戦前の高松駅前（絵葉書）。車両は東讃電気軌道が1911（明治44）年に製造した１型11号。
資料所蔵：宮武浩二

11月18日に今橋～志度間12.1kmを開通したことに始まる。当初より標準軌（1,435mm）であったが電圧は600Vであった。その後経営改善のため今橋から高松駅前まで路線延長することで乗客増を見込み、今橋から公園前まで1915（大正４）年に開通したが、ここで力尽き、四国水力電気に救済を求め1916（大正５）年には四国水力電気電車部として再出発した。

路線の延長も引き続き行われ、1917（大正６）年７月14日に公園前から高松築港まで路線が延長できた。この区間は市街地で用地買収も困難であったため単線（離合箇所を除く）で開通したが、高松市で産業博覧会が開催されることになり、1927（昭和２）年４月から公園前～築港間の複線化工事を開始、同年５月に市内線公園前までの複線化が完成した。公園前から八栗までの複線化は計画されたものの実現はできなかった。

1942（昭和17）年に国策により電気事業は四国配電会社に出資することになって、四国水力電気は電車部と瓦斯部だけとなり、電車部は新会社である讃岐電鉄に移された。さらに1943（昭和18）年11月に高松琴平電気鉄道の市内線と志度線となった。

しかし1945（昭和20）年７月の高松大空襲で大きく被災した市内線は、復活することなく廃止された。敷石は瓦町駅に通じる常盤街商店街の街路に再利用、他に琴電各駅の階段やホームに転用され、現在でも残存しているところもある。

高松名勝（絵葉書）。左下は四国水力電気の終点、築港前駅の光景。
資料所蔵：宮武浩二

琴電屋島駅の駅舎。四国水力電気時代の1929(昭和４)年、屋島登山鉄道の開業に合わせて屋島登山口駅を現在地に移築したもの。 2015.10.10 P：宮武浩二

志度駅舎。東讃電気軌道の志度開通は1911(明治44)年だが、高徳線の志度駅開業に伴い、現在地へ延伸されたのは1931(昭和６)年とされる。 1984.5.19 P：荻原二郎

讃岐屋島 古戦場停留所(絵葉書)。東讃電気軌道の木造単車１型が離合する。
資料所蔵：宮武浩二

瓦町駅に停車中の50型52号。四国水力電気が産業博覧会開催を機に導入した鋼製車ボギー車両。なお写真の52号は戦災復旧車である。 1949.6 P：亀井一男
(所蔵：宮武浩二)

志度線八栗駅での離合を瓦町方面の上り列車から見る。前方右に観光名所として名高い屋島山の裾が見える。　1961.1.31　P：高橋　弘

■四国水力電気パンフレット「海の国立公園 屋島と栗林公園」　資料所蔵：宮武浩二

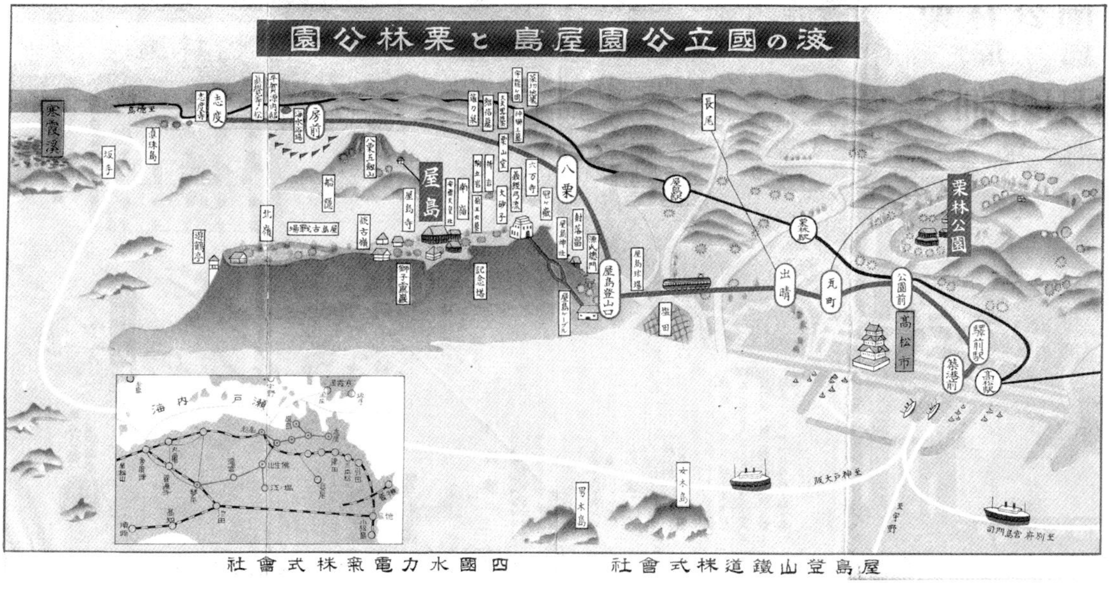

■四国水力電気パンフレット　市内線～志度線の沿線名所旧跡案内　「屋島遊覧電車御案内」(四国水力電気株式会社)より　資料所蔵：宮武浩二

沿線名所舊蹟御案内

築港前　玉藻城(東半丁)專賣局(西一丁)鐵道省棧橋、大阪商船支店
尼崎汽船支店(すぐまへ)

高松驛前　高松停車場(すぐまへ)

廣場　香川縣廳、高松地方區裁判所(東三丁)西方寺山、上水水源地(西八丁)

法泉寺前　法泉寺(門前)

五番丁　高松税務署(すぐまへ)高松市役所(東半丁)高松中學校
高松女學校(西半丁)工藝學校、師範學校(西二丁)

七番丁　赤十字病院(西半丁)高松實科女學校(東半丁)

大護寺前　大天神、圖書館、大護寺(すぐまへ)高松商業學校(西半丁)
高松高等商業學校(西三丁)和洋女學校(西北一丁)

馬場前　明善高等女學校(すぐまへ)石清尾八幡宮(西三丁)

公園前　稻荷神社(すぐまへ)栗林公園(すぐまへ)

中野町　佛生山法然寺(南二里)

藤塚　瀧の宮(南五里)讃の江温泉(南六里)小簑の瀧(南七里)

東田町　田町金刀比羅(西半丁)

出晴　八坂神社(すぐまへ)多賀神社(東三丁)興正寺別院(北五丁)
高松電車のりば

今橋　高野山別院(西一丁)東濱港(北九丁)

松島四丁目　高松刑務所(すぐまへ)向良神社(西半丁)

沖松島　倉敷紡績發電所(南一丁)

春日川　汐干狩(すぐまへ)

西潟元　汐干狩(すぐまへ)

屋島　地藏寺(北六丁)屋島寺(北十八丁)獅子靈巖(北十八丁)
談古嶺(北二十丁)血の池(北十八丁)櫓ヶ丘(北二十五丁)
長崎鼻(北三十丁)グラウンド(すぐまへ)

東照宮前　鞍掛松(南三丁)屋島神社(北四丁)

古高松　喜岡寺(南五丁)寶太郎祠(南十三丁)

八栗　佐藤繼信墓、大夫黒墓、源氏總門、神櫛王御陵(すぐまへ)
洲崎寺、珠數掛孫兵衛墓、栗山堂(北三丁)
那須與市駒立石、祈石(北五丁)安德天皇社、菊王丸墓(北十丁)
五劍山八栗寺、大聖歡喜天、奇觀ヶ峯(東十八丁)

六万寺　菜切地藏(西五丁)六万寺(東四丁)白羽八幡宮(北五丁)
源氏ヶ峯(東七丁)

潟屋　海水浴場(北半丁)

房前　海水浴場(すぐまへ)房前稻荷(西半町)八幡神社、愛染寺(南三丁)

志度西口　東林寺、多和神社、多和文庫(南半丁)異覺寺(北二丁)

志度　志度寺(東五丁)眞珠島(東八丁)津村桃園、陶天滿宮、
靈芝寺(東十八丁)津田松原(東二里)長尾町(南二里)
三本松(東五里)白鳥神社(東六里)

天下ノ名園栗林公園
眺望絶佳ノ屋島古戰場
靈驗著シキ八栗大聖歡喜天
最古ノ名刹志度寺
毎十分發車ノ屋島遊覧電車御利用ガ一番御便利ニシテ近道デアリマス。

賃金表

市内線(軌道部)
築港前～高松驛前　貳錢
廣場～法泉寺前　貳錢
五番丁～七番丁　貳錢
大護寺前～馬場前～公園前　貳錢
全線ヲ四區トシ壹區片道　貳錢
往復ハ片道賃金ノ二倍トス

市外線(鐵道部)　(外ニ通行税壹錢)
公園前～中野町～藤塚～東田町～瓦町～出晴　五錢
今橋～松島四丁目～沖松島　五錢
春日川～西潟元　五錢
屋島～東照宮前～古高松　五錢
八栗～六万寺　五錢
大町～八栗新道～潟屋～房前　五錢
原～志度西口～志度　五錢
全線ヲ七區トシ壹區片道五錢往復ハ片道賃金ノ二倍トス
小兒(四年以上十二年未滿半額)(四年未滿無賃、四)

團体乘車券
二十五人以上　一割引
五十人以上　二割引
壹百人以上　三割引
貳百人以上　四割引
參百人以上　五割引

普通定期券
一ヶ月　三割引
參ヶ月　四割引
一ヶ月　通勤定期券　六割引
一ヶ月　通學定期券　七割引

回數乘車券
市内線市外線共
五十區綴　一割五分引
壹百區綴　二割五分引
壹貸切乘車券
壹車毎ニ壹車定員ノ普通賃金申受ケ發行致シマス

營業時間

築港前發　屋島、八栗、志度行　自午前六時至午後十時
志度發　築港前行　自午前五時四十分至午後九時四十分
今橋發　志度行　自午前五時五十四分至午後十時四十分
志度發　今橋行　自午前五時四十分至午後十時十分

高松市七番丁五番地
四國水力電氣株式會社高松出張所
(電話二三五、三〇七、六四四)

印刷所　名古屋市東區鍛冶町三丁目
澤田文精社　ポスター名所圖繪　專門印刷部

琴平電気鉄道が新製した3000型＋5000型が瓦町駅を出発する。先頭の345は方向転換しているため、高松築港側にパンタグラフがある。また、2両目の5000型は電装前で制御車時代のもの。
1949.6
P：亀井一男（所蔵：宮武浩二）

1.3　琴平線の琴平電気鉄道

琴平電気鉄道は1924（大正13）年に会社が設立、栗林公園～琴平間の高速鉄道が計画され、1926（大正15）年12月に栗林公園～滝宮間17.8km、続いて1927（昭和２）年３月に滝宮～琴平間12.3km、同年４月に栗林公園～高松（現在の瓦町）間1.2kmが開通した。

当時の地方私鉄としては珍しく電圧1,500Vで標準軌（1,435mm）を採用、架線柱は四角鉄柱を採用し、各駅舎のデザインも挿頭丘駅は阪急仁川駅を、栗林公園駅は南海羽衣駅の駅舎をヒントにモダンな駅舎が作られた。ホームの屋根も雨が落ちてこないようにY型の屋根としており一部は現存している。

車両も大手私鉄並みの鋼製電車（1000・3000型）を計10両製造したが、これらの車両は令和になるまで現役で使用されていたことを考えると、当初の設計思想がいかに先進的であったことがわかる。

琴平電気鉄道は宅地開発や遊園地などの沿線開発に積極的で、そのひとつとして傍系会社塩江温泉鉄道を設立し、1929（昭和４）年11月に仏生山～塩江（しおのえ）

■琴平電鉄時刻表　1936（昭和11）年11月１日改正

資料所蔵：宮武浩二

高松―琴平間高速度電車發着時刻表

（二十五分毎發車）
（賃金六拾五錢）

高松―琴平間を 下りは五十五分 上りは五十四分 で運轉す

琴平電

下り琴平行

粁程	運賃	列車番號／驛名		303◎	×201	203	×205	311	×207	317	×209	211	×213	327	×215	333
0	0	高松發	…	5.25	5.50	6.15	6.40	7.05	7.30	7.55	8.20	8.45	9.10	9.35	10.00	10.25
1.2	5	栗林公園〃	…	5.28	5.53	6.18	6.43	7.08	7.33	7.58	8.23	8.48	9.13	9.38	10.03	10.28
3.3	15	太田〃	…	5.34	5.59	6.24	6.49	7.14	7.39	8.04	8.29	8.54	9.19	9.44	10.09	10.34
1·8	20	佛生山〃	…	5.37	6.02	6.27	6.52	7.17	7.42	8.07	8.32	8.57	9.22	9.47	10.12	10.37
1.7	25	一宮〃	…	5.40	6.05	6.30	6.55	7.20	7.45	8.10	8.35	9.00	9.25	9.50	10.15	10.40
1.6	30	圓座〃	…	5.42	6.07	6.32	6.57	7.22	7.47	8.12	8.37	9.02	9.27	9.52	10.17	10.42
2.5	35	岡本〃	…	5.47	6.12	6.37	7.02	7.27	7.52	8.17	8.42	9.07	9.32	9.57	10.22	10.47
1.3	40	挿頭丘〃	…	5.49	6.14	6.39	7.04	7 29	7.54	8.19	8.44	9.09	9.34	9.59	10.24	10.49
0.7	40	畑田〃	…	5.51	6.16	6.41	7.06	7.31	7.56	8.21	8.46	9.11	9.36	10.01	10.26	10.51
2.5	45	陶〃	…	5.55	6.20	6.45	7.10	7.35	8.00	8.25	8.50	9.15	9.40	10.05	10.30	10.55
2.4	50	瀧宮〃	…	5.59	6.24	6.49	7.14	7.39	8.04	8.29	8.54	9.19	9.44	10.09	10.34	10.59
2.1	55	羽床〃	…	6.02	6.27	6.52	7.17	7.42	8.07	8.32	8.57	9.22	9.47	10.12	10 37	11.02
1.9	60	栗熊〃	…	6.05	6.30	6.55	7.20	7.45	8.10	3.35	9.00	9.25	9.50	10.15	10.40	11.05
2.8	65	岡田〃	…	6.09	6.34	6.59	7 24	7.49	8.14	8.39	9.04	9.29	9.54	10.19	10.44	11.09
1.6	65	羽間〃	…	6.13	6.38	7.03	7.28	7.53	8.18	8.43	9.08	9.33	9.58	10.23	10.48	11.13
2.5	65	榎井〃	…	6.17	6.42	7.07	7.32	7.57	8.22	8.47	9.12	9.37	10.02	10.27	10.52	11.17
1.4	65	琴平着	…	6.20	6.45	7.10	7.35	8.00	8.25	8.50	9.15	9.40	10.05	10.30	10.55	11.20

驛名	×217	219	×221	343	×223	349	×225	227	×229	359	×231	365	×233	235	×237	375	×239
高松發	10.50	11.15	11.40	12.05	12.30	12.55	1.20	1.45	2.10	2.35	3.00	3.25	3.50	4.15	4.40	5.05	5.30
栗林公園〃	10.53	11.18	11.43	12.08	12.33	12.58	1.23	1.48	2.13	2.38	3.03	3.28	3.53	4.18	4.43	5.08	5.33
太田〃	10.59	11.24	11.49	12.14	12.39	1.04	1.29	1.54	2.19	2.44	3.09	3.34	3.59	4.24	4.49	5.14	5.39
佛生山〃	11.02	11.27	11.52	12.17	12.42	1.07	1.32	1.57	2.22	2.47	3.12	3.37	4.02	4.27	4.52	5.17	5.42
一宮〃	11.05	11.30	11.55	12.20	12.45	1.10	1.35	2.00	2.25	2.50	3.15	3.40	4.05	4.30	4.55	5.20	5.45
圓座〃	11.07	11.32	11.57	12.22	12.47	1.12	1.37	2.02	2.27	2.52	3.17	3.42	4.07	4.32	4.57	5.22	5.47
岡本〃	11.12	11.37	12.02	12.27	12.52	1.17	1.42	2.07	2.32	2.57	3.22	3.47	4.12	4.37	5.02	5.27	5.52
挿頭丘〃	11.14	11.39	12.04	12.29	12.54	1.19	1.44	2.09	2.34	2.59	3.24	3.49	4.14	4.39	5.04	5.29	5.54
畑田〃	11.16	11.41	12.06	12.31	12.56	1.21	1.46	2.11	2.36	3.01	3.26	3.51	4.16	4.41	5.06	5.31	5.56
陶〃	11.20	11.45	12.10	12.35	1.00	1.25	1.50	2.15	2.40	3.05	3.30	3.55	4.20	4.45	5.10	5.35	6.00
瀧宮〃	11.24	11.49	12.14	12.39	1.04	1.29	1.54	2.19	2.44	3.09	3.34	3.59	4.24	4.49	5.14	5.39	6.04
羽床〃	11.27	11.52	12.17	12.42	1.07	1.32	1.57	2.22	2.47	3.12	3.37	4.02	4.27	4.52	5.17	5.42	6.07
栗熊〃	11.30	11.55	12.20	12.45	1.10	1.35	2.00	2.25	2.50	3.15	3.40	4.05	4.30	4.55	5.20	5.45	6.10
岡田〃	11.34	11.59	12.24	12.49	1.14	1.39	2.04	2.29	2.54	3.19	3.44	4.09	4.34	4.59	5.24	5.49	6.14
羽間〃	11.38	12.03	12.28	12.53	1.18	1.43	2.08	2.33	2.58	3.23	3.48	4.13	4.38	5.03	5.28	5.53	6.18
榎井〃	11.42	12.07	12.32	12.57	1.22	1.47	2.12	2.37	3.02	3.27	3.52	4.17	4.42	5.07	5.32	5.57	6.22
琴平着	11.45	12.10	12.35	1.00	1.25	1.50	2.15	2.40	3.05	3.30	3.55	4.20	4.45	5.10	5.35	6.00	6.25

上り高松行

粁程	運賃	列車番號／驛名	304	302	306	204◎	×310	314	×206	208	×210	324	×212	330	×214
0	0	琴平發	…	…	…	5.39	6.04	6.29	6.54	7.19	7.44	8.09	8.34	8.59	9.24
1.4	5	榎井〃	…	…	…	5·42	6.07	6.32	6.57	7.22	7.47	8.12	8.37	9.02	9.27
2.5	10	羽間〃	…	…	…	5.47	6.12	6.37	7.02	7.27	7.52	8.17	8.42	9.07	9.32
1.6	15	岡田〃	…	…	…	5.50	6.15	6.40	7.05	7.30	7.55	8.20	8.45	9.10	9.35
2.8	20	栗熊〃	…	…	…	5·53	6.18	6.43	7.08	7.33	7.58	8.23	8.48	9.13	9.38
1.9	25	羽床〃	…	…	…	5.56	6.21	6.46	7.11	7.36	8.01	8.26	8.51	9.16	9.41
2.1	30	瀧宮〃	…	…	…	6.00	6.25	6.50	7.15	7.40	8.05	8.30	8.55	9.20	9.45
2.4	35	陶〃	…	…	…	6.03	6.28	6.53	7.18	7.43	8.08	8.33	8.58	9.23	9.48
2.5	40	畑田〃	…	…	…	6.07	6.32	6.57	7.22	7.47	8.12	8.37	9.02	9.27	9.52
07	45	挿頭丘〃	…	…	…	6.09	6.34	6.59	7.24	7.49	8.14	8.39	9.04	9.29	9.54
1.3	45	岡本〃	…	…	…	6.12	6.37	7.02	7.27	7.52	8.17	8.42	9.07	9.32	9.57
2.5	50	圓座〃	…	…	…	6.16	6.41	7.06	7.31	7.56	8.21	8.46	9.11	9.36	10.01
1.6	55	一宮〃	…	…	…	6.18	6.43	7.08	7.33	7.58	8.23	8.48	9.13	9.38	10.03
1.7	60	佛生山〃	…	5.31	5.56	6.21	6.46	7.11	7.36	8.01	8.26	8.51	9.16	9.41	10.06
1.8	65	太田〃	…	5.35	6.00	6.25	6.50	7.15	7.40	8.05	8.30	8.55	9.20	9.45	10.10
3.3	65	栗林公園〃	…	5.40	6.05	6.30	6.55	7.20	7.45	8.10	8.35	9.00	9.25	9.50	10.15
1.2	65	高松着	…	5.43	6.08	6.33	6.58	7.23	7.48	8.13	8.38	9.03	9.28	9.53	10.18

驛名	216	×218	340	×220	346	×222	224	×226	356	×228	362	×230	232	×234	372	×236	378
琴平發	9.49	10.14	10.39	11.04	11.29	11.54	12.19	12.44	1.09	1.34	1.59	2.24	2.49	3.14	3.39	4.04	4.29
榎井〃	9.52	10.17	10.42	11.07	11.32	11.57	12.22	12.47	1.12	1.37	2.02	2.27	2.52	3.17	3.42	4.07	4.32
羽間〃	9.57	10.22	10.47	11.12	11.37	12.02	12.27	12.52	1.17	1.42	2.07	2.32	2.57	3.22	3.47	4.12	4.37
岡田〃	10.00	10.25	10.50	11.15	11.40	12.05	12.30	12.55	1.20	1.45	2.10	2.35	3.00	3.25	3.50	4.15	4.40
栗熊〃	10.03	10.28	10.53	11.18	11.43	12.08	12.33	12.58	1.23	1.48	2.13	2.38	3.03	3.28	3.53	4.18	4.43
羽床〃	10.06	10.31	10.56	11.21	11.46	12.11	12.36	1.01	1.26	1.51	2.16	2.41	3.06	3.31	3.56	4.21	4.45
瀧宮〃	10.10	10.35	11.00	11.25	11.50	12.15	12.40	1.05	1.30	1.55	2.20	2.45	3.10	3.35	4.00	4.25	4.50
陶〃	10·13	10.38	11.03	11.28	11.53	12.18	12.43	1.08	1.33	1.58	2.23	2.48	3.13	3.38	4.03	4.28	4.53
畑田〃	10.17	10.42	11.07	11.32	11.57	12.22	12.47	1.12	1.37	2.02	2.27	2.52	3.17	3.42	4.07	4.32	4.57
挿頭丘〃	10.19	10.44	11.09	11.34	11.59	12.24	12.49	1.14	1.39	2.04	2.29	2.54	3.19	3.44	4.09	4.34	4.59
岡本〃	10.22	10.47	11.12	11.37	12.02	12.27	12.52	1.17	1.42	2.07	2.32	2.57	3.22	3.47	4.12	4·37	5.02
圓座〃	10.26	10.51	11.16	11.41	12.06	12.31	12.56	1.21	1.46	2.11	2.36	3.01	3.26	3.51	4.16	4.41	5.06
一宮〃	10.28	10.53	11.18	11.43	12.08	12.33	12.58	1.23	1.48	2.13	2.38	3.03	3.28	3.53	4.18	4.43	5.08
佛生山〃	10.31	10.56	11.21	11.46	12.11	12.36	1.01	1.26	1.51	2.16	2.41	3.06	3.31	3.56	4.21	4.46	5.11
太田〃	10.35	11.00	11.25	11.50	12.15	12.40	1.05	1.30	1.55	2.20	2.45	3.10	3.35	4.00	4.25	4.50	5.15
栗林公園〃	10.40	11.05	11.30	11.55	12.20	12·45	1.10	1.35	2.00	2.25	2.50	3.15	3.40	4.05	4.30	4.55	5.20
高松着	10.43	11.08	11.33	11.58	12.23	12.48	1.13	1.38	2.03	2.28	2.53	3.18	3.43	4.08	4.33	4.58	5.23

備考
細字午前太字ハ午後トス
◎印自11月1日至3月末迄休止
○印自4月1日至10月末迄休止
×印ハ佛生山驛乗換鹽江線ニ接續（午後9.29琴平發 自11月1日至3月末日休止）
佛生山――鹽江間四十分運轉
※印ハ自4月1日至10月末日迄休止

高松港發
鐵道連絡船　6.45　7.50　9.50　11.05　1.05　2.20　4.30　5.
大阪商船及尼崎汽船　神戸大阪行　6.50　6.00　9.30　10.10
同　同　中國．關門．細島及高濱別府行　2.00
同　同　坂出．多度津．新居濱行　5.30　11.2
同　同　寒霞溪行　8.30　2.30　4.20

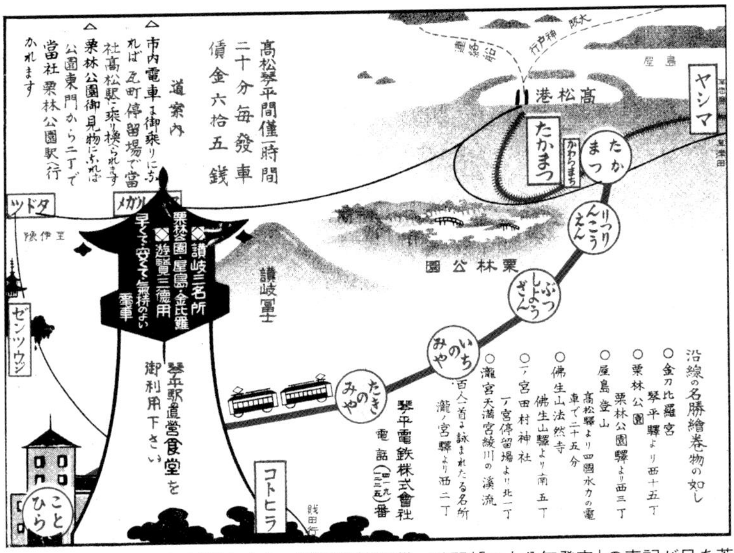

琴平電鉄発行による沿線観光案内。「高松琴平間僅一時間」「二十分毎発車」の表記が目を惹く。市内電車の瓦町停留場で琴平電鉄の高松駅に乗換えるよう案内されている。

資料所蔵：宮武浩二

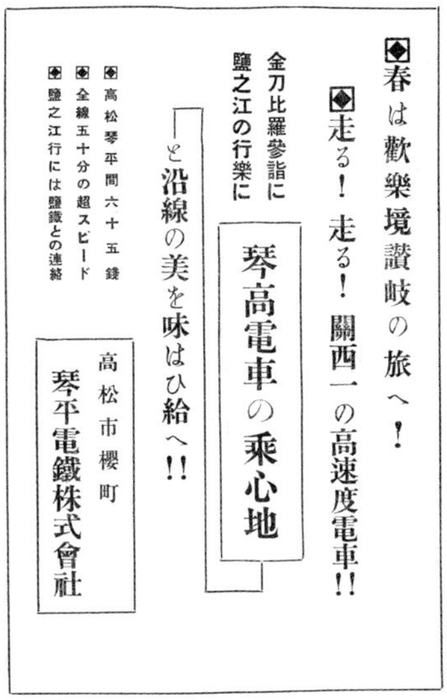

『讃岐公論』掲載の琴平電鉄の広告。「琴高電車」とは琴平と高松を結ぶ電車の意であろうか。ちなみに戦前はキンコーデンシャ、戦後はコーキンデンシャと呼ばれていた。

資料所蔵：宮武浩二

間16.1kmを開通、ガソリンカーで運転を開始した。終点の塩江では少女歌劇団を編成して乗客の誘致に努め、春は安原の千本桜、夏は岩崎の蛍狩り、秋はキノコ狩り、冬は大滝山のスキーなど、阪急の小林一三の経営に習うこと多々で、「讃岐の阪急」と言われた。

塩江温泉鉄道は1938(昭和13)年に琴平電気鉄道に吸収合併され、塩江線として営業していたが、1941(昭和16)年に採算性が悪いためにバス輸送に転換することとなり同年5月に廃止された(詳細11頁)。

琴平電気鉄道は集客対策にアイデアを絞り納涼電車、食堂車が登場している。会社としては高松桟橋までの延長は計画されていたが、実現したのは高松大空襲で被災したあとの都市計画までまたなければならなかった。琴平電気鉄道も1943(昭和18)年11月に国の交通事業統合策で新しく設立された高松琴平電気鉄道琴平線となった。

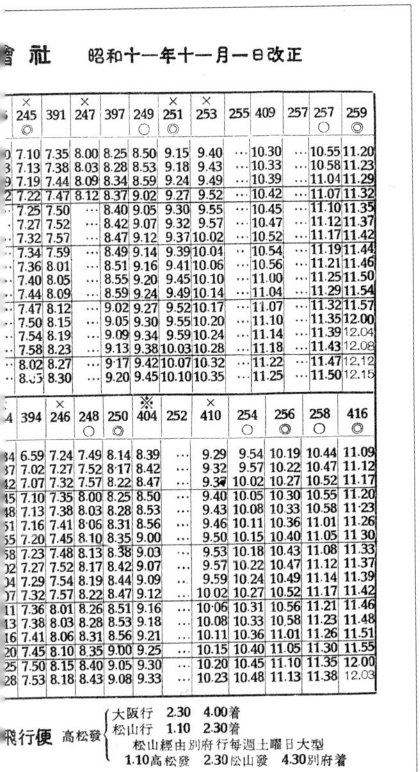

會社　昭和十一年十一月一日改正

	× 245 ◎	391	× 247	397	249 ○	× 251 ◎	× 253	255	409	257	257 ○	259 ◎
0	7.10	7.35	8.00	8.25	8.50	9.15	9.40	…	10.30	…	10.55	11.20
3	7.13	7.38	8.03	8.28	8.53	9.18	9.43	…	10.33	…	10.58	11.23
9	7.19	7.44	8.09	8.34	8.59	9.24	9.49	…	10.39	…	11.04	11.29
2	7.22	7.47	8.12	8.37	9.02	9.27	9.52	…	10.42	…	11.07	11.32
…	7.25	7.50	…	8.40	9.05	9.30	9.55	…	10.45	…	11.10	11.35
…	7.27	7.52	…	8.42	9.07	9.32	9.57	…	10.47	…	11.12	11.37
…	7.32	7.57	…	8.47	9.12	9.37	10.02	…	10.52	…	11.17	11.42
…	7.34	7.59	…	8.49	9.14	9.39	10.04	…	10.54	…	11.19	11.44
…	7.36	8.01	…	8.51	9.16	9.41	10.06	…	10.56	…	11.21	11.46
…	7.40	8.05	…	8.55	9.20	9.45	10.10	…	11.00	…	11.25	11.50
…	7.44	8.09	…	8.59	9.24	9.49	10.14	…	11.04	…	11.29	11.54
…	7.47	8.12	…	9.02	9.27	9.52	10.17	…	11.07	…	11.32	11.57
…	7.50	8.15	…	9.05	9.30	9.55	10.20	…	11.10	…	11.35	12.00
…	7.54	8.19	…	9.09	9.34	9.59	10.24	…	11.14	…	11.39	12.04
…	7.58	8.23	…	9.13	9.38	10.03	10.28	…	11.18	…	11.43	12.08
…	8.02	8.27	…	9.17	9.42	10.07	10.32	…	11.22	…	11.47	12.12
…	8.05	8.30	…	9.20	9.45	10.10	10.35	…	11.25	…	11.50	12.15

4	394	× 246	248 ○	250 ◎	※ 404	252	× 410	254 ○	256 ◎	258 ○	416 ◎
34	6.59	7.24	7.49	8.14	8.39	…	9.29	9.54	10.19	10.44	11.09
37	7.02	7.27	7.52	8.17	8.42	…	9.32	9.57	10.22	10.47	11.12
42	7.07	7.32	7.57	8.22	8.47	…	9.37	10.02	10.27	10.52	11.17
45	7.10	7.35	8.00	8.25	8.50	…	9.40	10.05	10.30	10.55	11.20
48	7.13	7.38	8.03	8.28	8.53	…	9.43	10.08	10.33	10.58	11.23
51	7.16	7.41	8.06	8.31	8.56	…	9.46	10.11	10.36	11.01	11.26
55	7.20	7.45	8.10	8.35	9.00	…	9.50	10.15	10.40	11.05	11.30
58	7.23	7.48	8.13	8.38	9.03	…	9.53	10.18	10.43	11.08	11.33
02	7.27	7.52	8.17	8.42	9.07	…	9.57	10.22	10.47	11.12	11.37
04	7.29	7.54	8.19	8.44	9.09	…	9.59	10.24	10.49	11.14	11.39
07	7.32	7.57	8.22	8.47	9.12	…	10.02	10.27	10.52	11.17	11.42
11	7.36	8.01	8.26	8.51	9.16	…	10.06	10.31	10.56	11.21	11.46
13	7.38	8.03	8.28	8.53	9.18	…	10.08	10.33	10.58	11.23	11.48
16	7.41	8.06	8.31	8.56	9.21	…	10.11	10.36	11.01	11.26	11.51
20	7.45	8.10	8.35	9.00	9.25	…	10.15	10.40	11.05	11.30	11.55
25	7.50	8.15	8.40	9.05	9.30	…	10.20	10.45	11.10	11.35	12.00
28	7.53	8.18	8.43	9.08	9.33	…	10.23	10.48	11.13	11.38	12.03

飛行便　高松發
大阪行　2.30　4.00着
松山行　1.10　2.30着
松山經由別府行毎週土曜日大型
1.10高松發　2.30松山發　4.30別府着

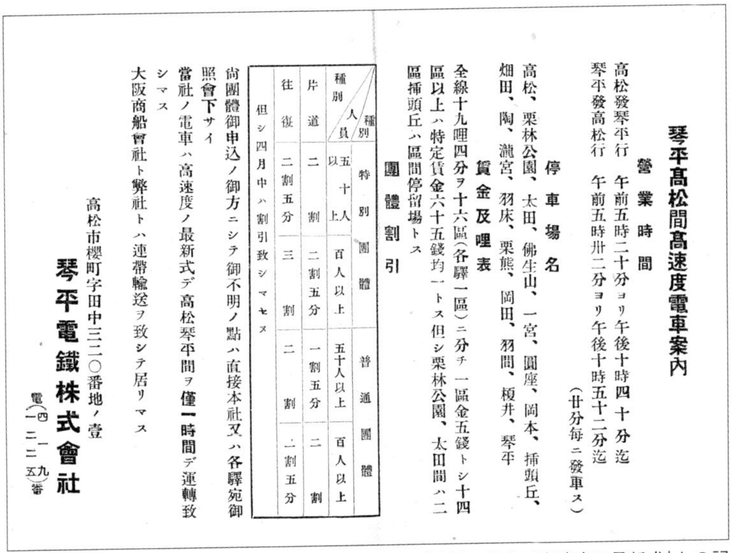

琴平高松間高速度電車案内

營業時間

高松發琴平行　午前五時二十分ヨリ午後十時四十分迄
琴平發高松行　午前五時卅二分ヨリ午後十時五十二分迄
（卅分毎ニ發車ス）

停車場名

高松、栗林公園、太田、佛生山、一宮、圓座、岡本、挿頭丘、畑田、陶、瀧宮、羽床、栗熊、岡田、羽間、榎井、琴平

賃金及哩表

全線十九哩四分ヲ十六區（各驛一區）ニ分チ一區金五錢トシ十四區以上ハ特定賃金六十五錢均一トス但シ栗林公園、太田間ハ二區挿頭丘ハ區間停留場トス

團體割引

種別	特別團體 五十人以上	特別團體 百人以上	普通團體 五十人以上	普通團體 百人以上
片道	二割	二割五分	一割五分	二割
往復	二割五分	三割	二割	二割五分

但シ四月中ハ割引致シマセヌ

尚團體御申込ノ御方ニシテ御不明ノ點ハ直接本社又ハ各驛宛御照會下サイ

當社ノ電車ハ高速度ノ最新式デ高松琴平間ヲ僅一時間デ運轉致シマス

大阪商船會社ト弊社トハ連帶輸送ヲ致シテ居リマス

高松市櫻町字田中三二〇番地ノ壹

琴平電鐵株式會社

電（四一九）（一二二五）番

琴平電鉄発行による「琴平高松間高速度電車案内」。「当社の電車は高速度の最新式」との記述がある。

資料所蔵：宮武浩二

琴電の中心駅、瓦町駅の旧駅舎。琴平電鉄時代の1930(昭和５)年に建設された旧駅舎は、その形状から「十角堂駅舎」と呼ばれ、戦前は地下にレストランがあった。平成に入ってからの瓦町駅再開発により解体された。
1984.5.19　P：荻原二郎

旧瓦町駅舎の解体を惜しみ製作された1/50外観保存模型。琴電本社にて展示され通常は非公開であるが、写真は高松市歴史資料館で展示された時のもの。
2019.2.4　P：宮武浩二

琴平線滝宮駅舎は、琴平電鉄が1926(大正15)年に栗林公園～滝宮間を開業した時に建設されている。
2018.11.4　P：宮武浩二

「こんぴらさん」参詣の玄関口にあたる琴平線琴電琴平駅の旧駅舎。1927(昭和２)年の琴平延長開業時に建設されたものが昭和の末まで使われていた。戦前は２階がレストランになっていた。
1984.5.18　P：荻原二郎

琴平線創業時からの琴電琴平駅舎は、1988(昭和63)年の瀬戸大橋開通を契機に建替えられた。
2018.11.4　P：宮武浩二

絵葉書「(讃岐) 塩の江駅」。写真中央が塩江温泉鉄道の塩江駅。モダンな西洋風の建物で、駅の向かい側は百十四銀行塩江支店である。　資料所蔵：宮武浩二

Column1　塩江温泉鉄道

琴平電気鉄道は高松(現在の瓦町)から琴平まで全線開通させた後、今度は塩江温泉郷を歓楽地として開発する計画を立て、1928(昭和３)年８月に琴電が大株主になって塩江温泉鉄道を設立し、土地の買収、路盤の整備を行い1929(昭和４)年11月12日に琴平線仏生山駅から塩江までの16.1kmで営業を開始した。

この路線は標準軌で全線単線、仏生山～塩江間を片道40分で走り、１日15回ほど運転された。途中離合施設を鮎滝・中村・浅野に作り、通常は鮎滝で離合していた。終点の塩江駅はモダンな建物で、その先には直営の演芸場と温泉があって阪神急行電鉄の宝塚少女歌劇団と同じようなものを作り、四国の宝塚として売り出したが成績は芳しくなく、1938(昭和13)年７月に琴平電気鉄道に吸収合併され塩江線となった。

当時の様子が『ふるさと仏生山創立百年記念誌』に記述されており、「運転士も車掌も十代の少年が多く技術が未熟だったうえ、車両もよく揺れるので事故が多かった。時に竜満池に真っ逆さまに落ち込んだり、運転士が居眠りをして塩江の終点駅で車止めを突き破り、道路の向かい側にあった百十四銀行の建物の中に突っ込む事故もあった」とのことで、あまり評判は良くなかったようだ。

しかし日華事変が始まる頃からガソリンの入手に苦労していたのと、豪雨で路盤が流出するなどで先行きが目通せず、バスによる代替を地元に提示して了解を得たとして1941(昭和16)年５月10日をもって廃止された。線路跡は道路に転用、線路などは台湾製糖株式会社に売却された。

■塩江温泉鉄道 路線図　「塩江案内」(塩江温泉鉄道発行)より　資料所蔵：宮武浩二

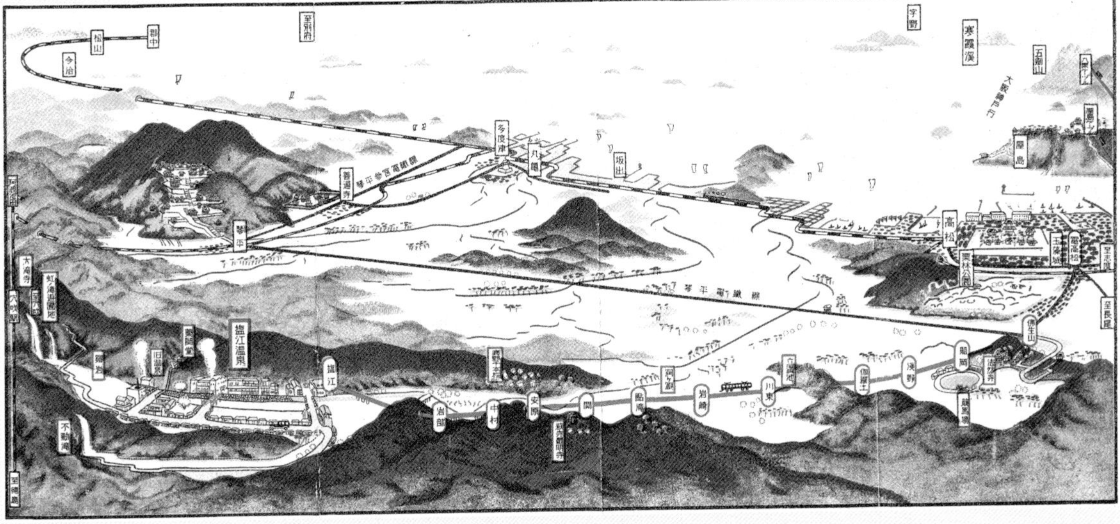

塩江温泉鉄道のガソリンカー。　資料所蔵：塩江町歴史資料館

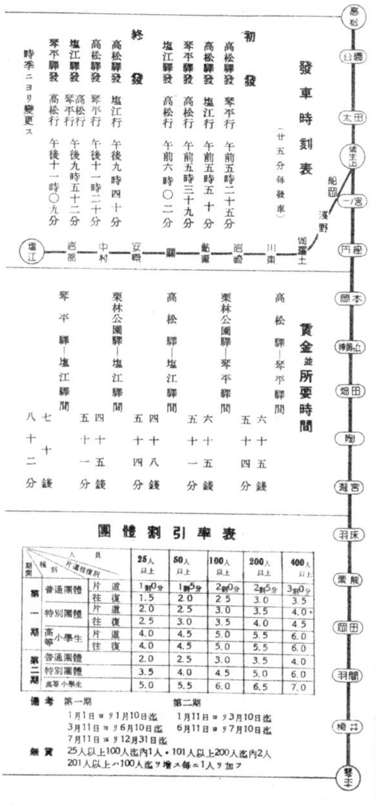

發車時刻表

（廿五分毎發車）

初發

高松驛發　琴平行　午前五時二十五分

高松驛發　塩江行　午前五時五十分

琴平驛發　高松行　午前五時三十九分

塩江驛發　高松行　午前六時〇二分

終發

高松驛發　塩江行　午後九時四十分

高松驛發　琴平行　午後十一時二十分

塩江驛發　高松行　琴平行　午後九時五十二分

琴平驛發　高松行　午後十一時〇九分

時季ニヨリ變更ス

賃金並所要時間

高松驛—琴平驛間　六十五錢　五十四分

栗林公園驛—琴平驛間　六十五錢　五十一分

高松驛—塩江驛間　四十八錢　五十四分

栗林公園驛—塩江驛間　四十五錢　五十一分

琴平驛—塩江驛間　七十錢　八十二分

團體割引率表

期間	種別	片道往復別	25人以上	50人以上	100人以上	200人以上	400人以上
第一期	普通團體	片道	1割0分	1割5分	2割0分	2割5分	3割0分
		往復	1.5	2.0	2.5	3.0	3.5
	特別團體	片道	2.0	2.5	3.0	3.5	4.0
		往復	2.5	3.0	3.5	4.0	4.5
	高等小學生	片道	4.0	4.5	5.0	5.5	6.0
		往復	4.0	4.5	5.0	5.5	6.0
第二期	普通團體		2.0	2.5	3.0	3.5	4.0
	特別團體		3.5	4.0	4.5	5.0	6.0
	高等小學生		5.0	5.5	6.0	6.5	7.0

備考　第一期　1月1日ヨリ1月10日迄　3月11日ヨリ6月10日迄　7月11日ヨリ12月31日迄

第二期　1月11日ヨリ3月10日迄　6月11日ヨリ7月10日迄

無賃　25人以上100人迄内1人・101人以上200人迄内2人　201人以上ハ100人迄ヲ増ス毎ニ1人ヲ加フ

琴平電鉄・塩江温泉鉄道 営業案内。　資料所蔵：宮武浩二

●ガソリンカー　1～5

塩江温泉鉄道が開業用に1928（昭和３）年、川崎車輛に５両発注した半鋼製・片ボギー式のガソリンカーで、全長８m、定員40名、機関はアメリカ、アンドリュース・アンド・ジョージ社製38馬力のガソリンエンジンを搭載、台車は片ボギーという貨車のような１軸の車輪と駆動軸の付いた小型の台車の組み合わせで、前後進ができる最初の車両であった。1929（昭和４）年11月21日に仏生山から塩江間で走り出した。車体は両端を絞りこんだ見たこともない姿で、地元の人はガソリンカーの排気ガスの臭いを嗅ぎに行ったという話もあった。

1938（昭和13）年７月に琴平電気鉄道に吸収合併され同社の塩江線になったが、不採算と燃料の戦時統制のため廃止が検討され、1941（昭和16）年５月10日をもって営業を終えた。

廃止後に５両のガソリンカーは、埼玉県川越市久保町にあった東京工業所に送られた。うち３両は西武大宮線の木造単車から電装品台車を流用して電車化され、新京市電41～43号として竣工した。しかし高床台車にガソリンカーの車体を載せただけでは車高が高くなり乗降に支障をきたしたことから後年、手持ちの低床台車に交換、車号も71～73号となり、驚くことに昭和40年代後半まで、ガソリンカー由来の車両が使用されたようだ。

残り２両は布引電鉄由来の単台車を使用して新京で制御車として竣工したようだが、不明な点も多く今後の調査に期待したい。塩江時代から２号と５号は使用に耐えられないほどであったというから先に記述した事故が影響していると思われる。車両の変遷については岡田健太郎氏のご教示による。

満州国に渡り新京市電となった元塩江温泉鉄道のガソリンカー。
1942.9.14　三中井前　撮影：原 信太郎　©原鉄道模型博物館

塩江温泉鉄道 塩江駅スタンプ
資料所蔵：宮武浩二

琴平電鉄生え抜きの13両の電車はすべて高松琴平電鉄に引き継がれ、短い車両でも50年、長いものでは90年以上の活躍を続けた。写真先頭は1000型100号、次位が5000型520号。
1969.4.2　仏生山　P：荻原俊夫

1.4　高松琴平電気鉄道になってから

経営統合で新発足した高松琴平電気鉄道(以下琴電と表記)では、まず長尾線(旧高松電気軌道)を標準軌に改軌することとして1945(昭和20)年6月に完成、出晴瓦町付近の路線を付け替えて志度線と線路をつなげるなど、引き続き輸送力の増強に努めた。

しかし、1945年7月4日深夜に高松大空襲がおこり、琴電高松駅(現在の瓦町駅)が攻撃され高松市内線とともに壊滅、今橋駅に疎開していた52が全焼、出晴でも旧20型が4両全焼した。幸いだったのは300を夜間に高松駅から栗林公園駅近くに疎開していたことで、無傷で残った。

終戦後焼土化した高松は復興の中で、旧城下町の町割りを変更、市街電車的な高松市内線を復旧せず、琴平線の規格で高松築港まで新線建設を進めることになり、琴電高松駅の整備と併せて1948(昭和23)年2月18日に片原町駅まで、同年11月26日に築港仮駅まで開通した。一方で休止していた八栗から志度間についても1949(昭和24)年10月9日に再開した。

■高松琴平電気鉄道 路線図　　資料所蔵：宮武浩二

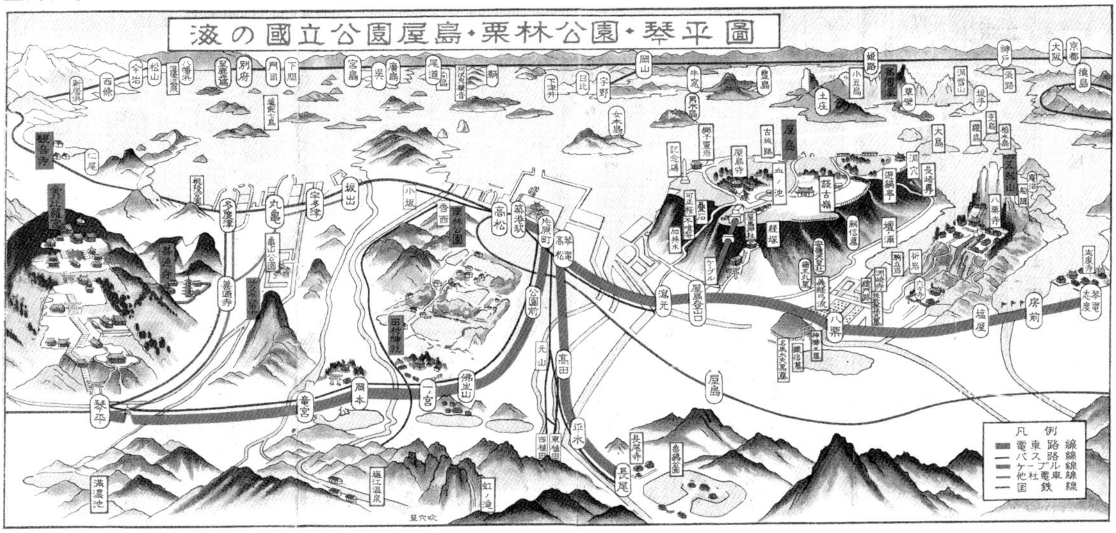

■高松中心部付近 路線の変遷 左は琴電合併直前期、右は現在を示す。 作成：編集部

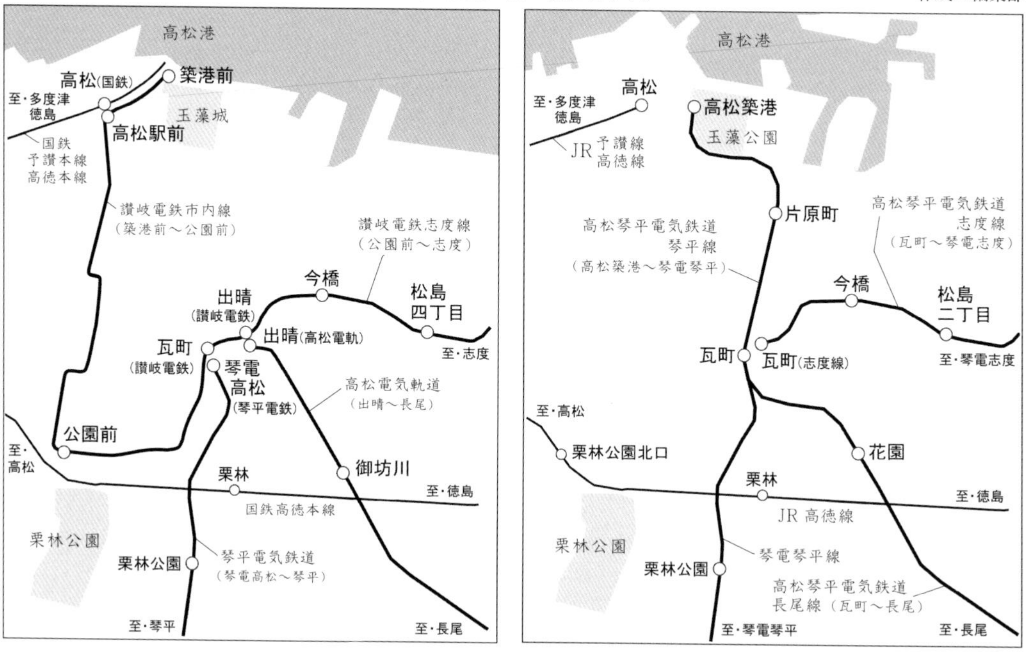

長尾線については1951(昭和26)年12月26日に瓦町駅から花園町にかけての路線を北回りから南回りに変更し、瓦町駅を総合的な乗換駅に改造し戦後６年をかけた一連の路線の整備はこれをもって完成した。

残るは志度線と長尾線の電圧を1,500Vに昇圧することで、志度線を1966(昭和41)年８月２日に、長尾線は1976(昭和51)年12月23日に昇圧、さらに平成に始まった瓦町駅の再開発と長尾線を琴平線並みに規格変更して現在に至る。

なお、この再開発に伴い志度線は他の２線と線路が分断され、高松築港への直通は志度線に代わり長尾線が担うことになった

■高松琴平電気鉄道 路線図(発行：高松琴平電気鉄道) 資料所蔵：宮武浩二

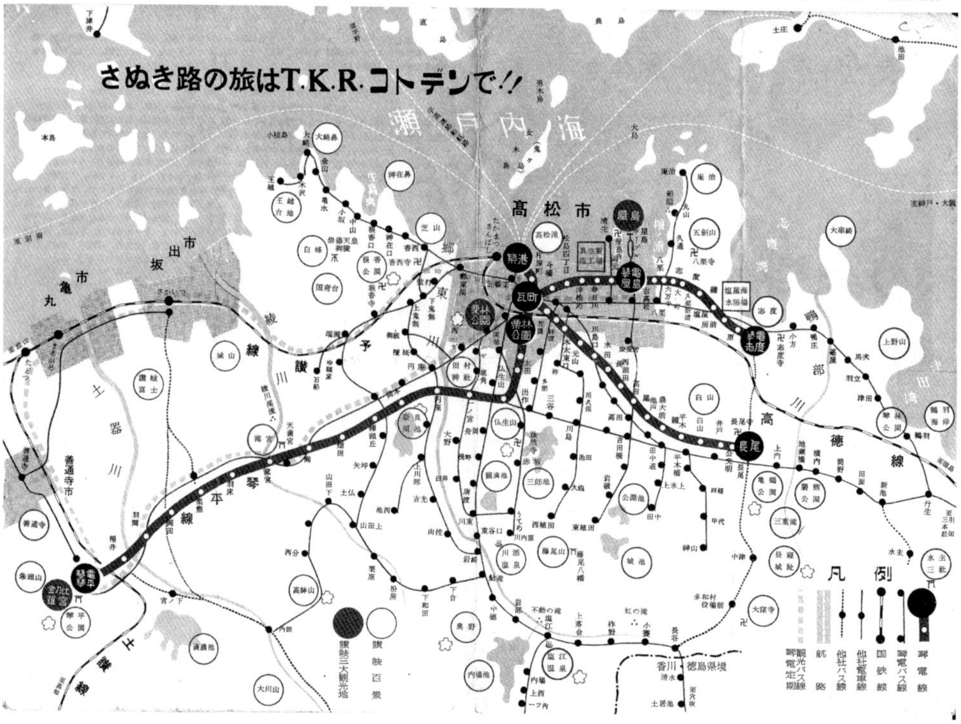

屋島ケーブルカーと屋島神社前駅(屋島登山鉄道落成記念絵葉書より)　資料所蔵：宮武浩二

屋島登山鉄道屋島南嶺駅(屋島登山鉄道落成記念絵葉書より)。屋島南嶺駅はその後山上駅と名称変更し、ケーブル廃止後も建物は現存している。　資料所蔵：宮武浩二

Column2　高松周辺の登山鉄道

○屋島登山鉄道

瀬戸内海を代表する観光地屋島の観光客が増えるにつれ、山上までの交通機関の必要性が求められ、1927(昭和２)年３月に地元有志が資本を持ち寄り「屋島登山電気鉄道株式会社」が設立された。当初は屋島神社前の下から古高松まで鉄道線の建設も含まれていたが、1929(昭和４)年に四国水力電車屋島登山口駅の移転が出来たことから計画は中止となり、社名も「屋島登山鉄道」に改名している。

建設には四国水力電車と琴平電気鉄道が技術支援して1929年４月21日に屋島神社前駅から屋島南嶺駅まで0.8km、軌間1,067mmで開業した。ケーブルの巻き上げ機とレールはスイスのギーセライ・ベルン社製を採用した。

登山鉄道の開業で香川県の観光地である栗林公園、屋島、金比羅宮をさらに発展させるべく県下の琴平電気鉄道、屋島登山鉄道、四国水力電車、琴平参宮電鉄で讃岐遊覧電鉄協会を発足し、PRに努めることになる。当時の沿線案内に高松電気軌道、琴平急行電鉄が含まれていないのはそのためであった。

屋島の観光地対策は効果をあげて山上にも次々と旅館が開業するなど活況を呈していたが、戦時下の不要不急路線として隣の八栗登山鉄道とともに1944(昭和19)年に休止に追い込まれた。

戦後になると屋島登山鉄道の復活を求める声が高くなり、1950(昭和25)年に高松琴平電気鉄道の資本を投入、車両は日立製作所に発注して1950年４月に再開した。復活に際して屋島神社駅は屋島登山口駅に、屋島南嶺駅は屋島山上駅に改称、志度線の屋島登山口駅は琴電屋島駅と改称した。

以降コトデングループの中堅企業として成長、1961(昭和36)年に増え続ける観光客の利便性を考え、国鉄高徳線屋島駅から琴電屋島駅経由で屋島登山口駅まで路線バスを開業、1961年に屋島ドライブウェイの開業と同時に山上駐車場に直営の回転展望台を備えた屋島スカイラウンジを開業するなど力を注いだ。しかし、観光客が外国に目を向けるようになると屋島全体が衰退していき、2004(平成16)年に廃止申請を行い、同年10月15日をもって休止、翌2005年８月31日廃止された。

■屋島登山鉄道ケ10 車両竣工図

資料所蔵：宮武浩二

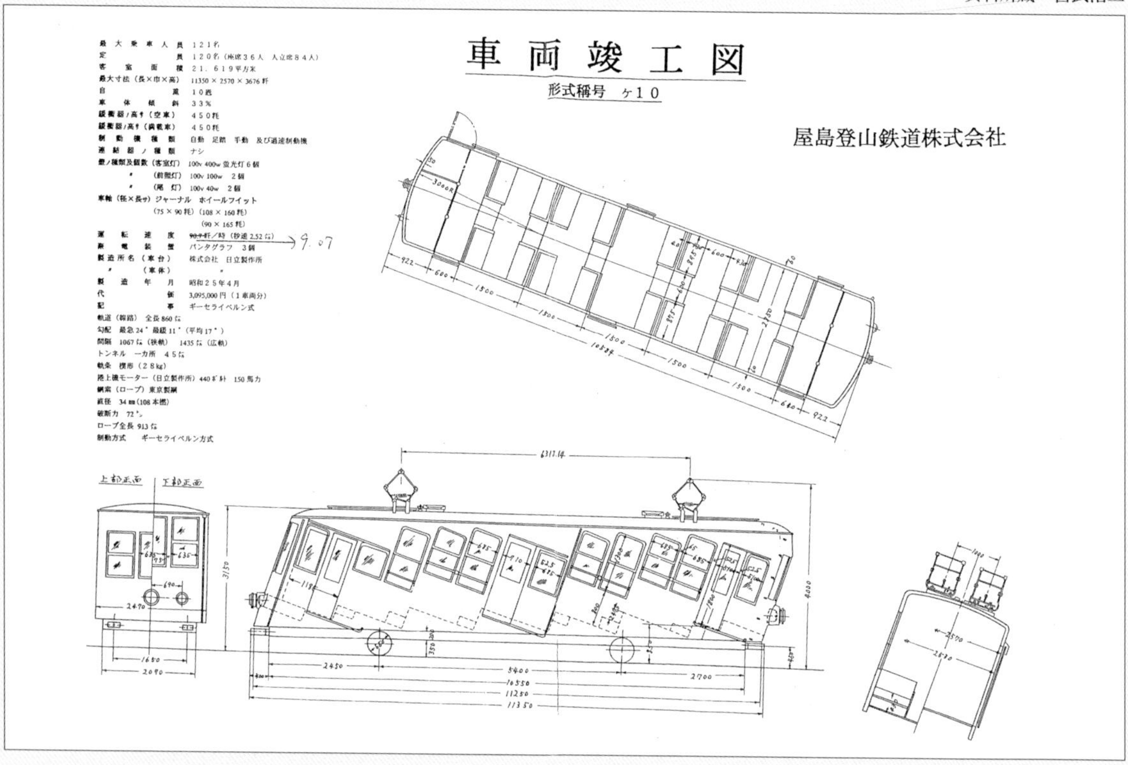

○八栗登山鉄道と八栗ケーブル

四国八十八カ所霊場八栗寺及び八栗聖天さんへの足を便利にするため、高松電気軌道の北村社長が中心となり琴電など地元の資本を集めて1931（昭和６）年２月15日に八栗登山口～八栗山上駅間0.8km、軌間1,067mmで開業した。合わせて登山口駅から四国水力電車八栗駅を結ぶバスの営業を開始した。

参拝鉄道という路線の特性上、屋島など観光鉄道的な動きはしなかったが、1944（昭和19）年、戦時統制の中で不要不急の鉄道に指定され、営業を休止し資材は撤去された。

戦後屋島登山鉄道が再開される中、八栗登山鉄道は休止されたままで、1960（昭和35）年12月に廃止されたが、荒木増吉を中心とした資本家が所有者から旧路盤を譲渡してもらい、1964（昭和39）年６月26日に八栗ケーブル株式会社を設立、同年12月28日に八栗登山口から八栗山上駅を再開した。

戦前の機器は失っていたので、車両デザインをはじめとしてケーブルカーの施設は日立製作所の一括プラント納入である。戦前の八栗登山鉄道バスの路線権を保有していたことから、ケーブル再開後に高松琴平電気鉄道のバス部門が八栗ケーブル登山口から高松築港まで運行していた時期もあった。

八栗ケーブルカーと八栗登山口駅（八栗登山鉄道絵葉書より）。
資料所蔵：宮武浩二

■八栗登山鉄道パンフレット「五剱山八栗案内」

資料所蔵：宮武浩二

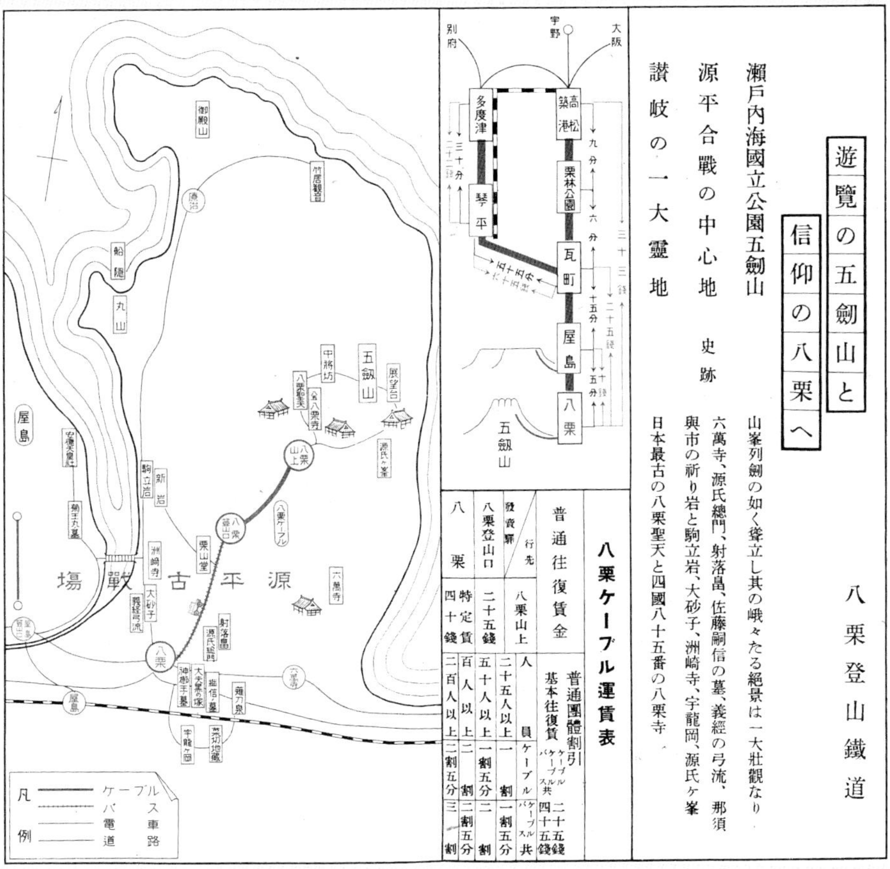

遊覧の五劒山と

信仰の八栗へ

瀬戸内海國立公園五劒山

源平合戰の中心地　史跡

讃岐の一大靈地

山峯列劍の如く聳立し其の峨々たる絶景は一大壯觀なり

六萬寺、源氏總門、射落畠、佐藤嗣信の墓、義經の弓流、那須與市の祈り岩と駒立岩、大砂子、洲崎寺、宇龍岡、源氏ヶ峯

日本最古の八栗聖天と四國八十五番の八栗寺

八栗登山鐵道

八栗ケーブル運賃表

普通往復賃金

發賣驛＼行先	八栗山上
八栗登山口	二十五錢
八栗	特定賃 四十錢

普通團體割引

基本往復賃	ケーブル 二十五錢	ケーブルバス共 四十五錢
人員	ケーブル	ケーブルバス共
二十五人以上	一割	一割五分
五十人以上	一割五分	二割
百人以上	二割	二割五分
二百人以上	二割五分	三割

■八栗ケーブル コ-1・コ-2 車両竣功図表

資料所蔵：宮武浩二

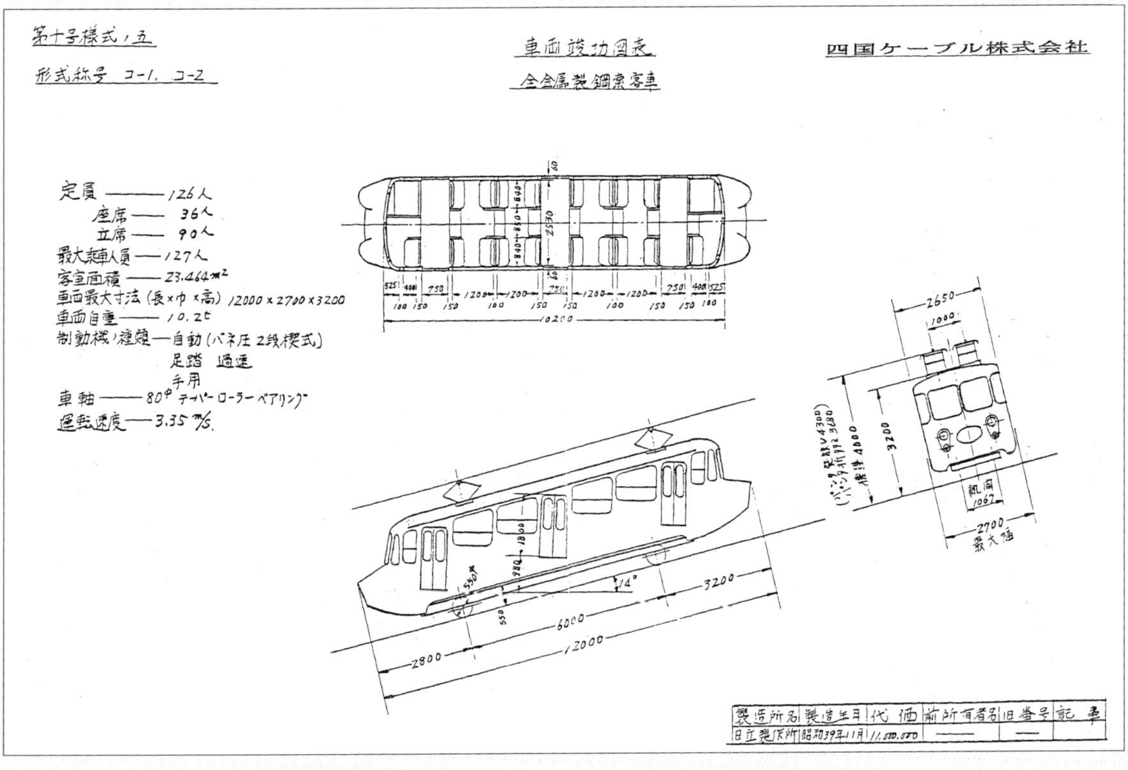

第十号様式ノ五

形式称号　コ-1，コ-2

車両竣功図表

全金属製鋼索客車

四国ケーブル株式会社

定員 ―― 126人
　座席 ―― 36人
　立席 ―― 90人
最大乗車人員 ―― 127人
客室面積 ―― 23.464 m^2
車両最大寸法（長×巾×高）12000×2700×3200
車両自重 ―― 10.2t
制動機ノ種類 ―― 自動（バネ圧2段楔式）
　足踏　過速
　手用
車軸 ―― 80φ テーパーローラーベアリング
運転速度 ―― 3.35 m/s.

製造所名	製造年月	代価	前所有者名	旧番号	記事
日立製作所	昭和39年11月	11,000,000	――	――	

戦前の今橋駅（絵葉書）。東讃電気軌道黎明期の車両である１型１号（右）と変１型14号が停車中。　資料所蔵：宮武浩二

2. 琴電前身各社の車両

2.1 旧東讃電気軌道（→讃岐電鉄）の車両

●1型（1～12）

志度線の前身となる東讃電気軌道が、1911（明治44）年の今橋～志度間開業時に購入した木造四輪単車で、川崎造船所にて１～12の12両が製造された。車体は長尺で屋根はモニタールーフ、台車はラジアル台車であった。戦前は前面に行先方向幕を表示、側面には鉄製サボが取り付けられていた。

1944（昭和19）年に高松琴平電気鉄道に統合され、旧高松電気軌道を前身とする長尾線が軌道を標準軌に改軌すると同線でも運用された。戦時中・戦後の混乱期に修理もままならない中で１・２・４・６・７・８の６両は老朽化で廃車、残存車は車番の整理により5→1、

オープンデッキの単車、１型10号。晩年は老朽化が著しく、60型の導入に伴い１型は半数が廃車された。
1949.6　P：亀井一男
（所蔵：宮武浩二）

6両残された1型のうち4～6(旧番11・10・3)はオープンデッキのまま最後を迎えた。手前から4号、6号、3号、31号。
1961.1.31　今橋駅側線
P：高橋　弘

9→2、12→3、11→4、10→5、3→6とされた。改造の方法はそれぞれ異なっており、１・２・３が客室と運転台を客室化した形態、４・５・６はデッキ部をそのままにし、路面電車スタイルを色濃く残していた。

戦後は全車がポール集電からYゲル集電に改造、１・２は景山式簡易パンタグラフ付(琴電常務景山和夫氏の設計で、スプリング付掛金具をロープで引っ張ると掛金具が外れ、スプリングの復元力で架線まで上昇する)で、さらに１はエアーブレーキ付に改造、車内灯が蛍光灯改造された。

路面電車スタイルのデッキのまま残っていた４・５・６は３とともに早期に廃車、車体は今橋駅の東側線で貨車31とともに1962(昭和37)年頃まで残っていた。１・２は1963(昭和38)年まで残り、１は解体、２は志度線房前駅駅舎に使用していた25号が老朽化したためそれと交換することになり、房前駅ホームの上に車体を設置、1972(昭和47)年頃まで現存していた。

廃車留置と思われる1型6号。窓枠はオリジナルの上部R付のものと四角いものが入り乱れていた。
1960.3　P所蔵：宮武浩二

デッキに扉が設けられた1型2号の室内。運転台は屋内になったものの、スペースは非常に小さい。 1961.1.31　P：高橋　弘

現役時の１型２号。１～３の３両はデッキ部分に扉が設けられ、運転台が屋内とされていた。
1961.1.31 P：高橋 弘

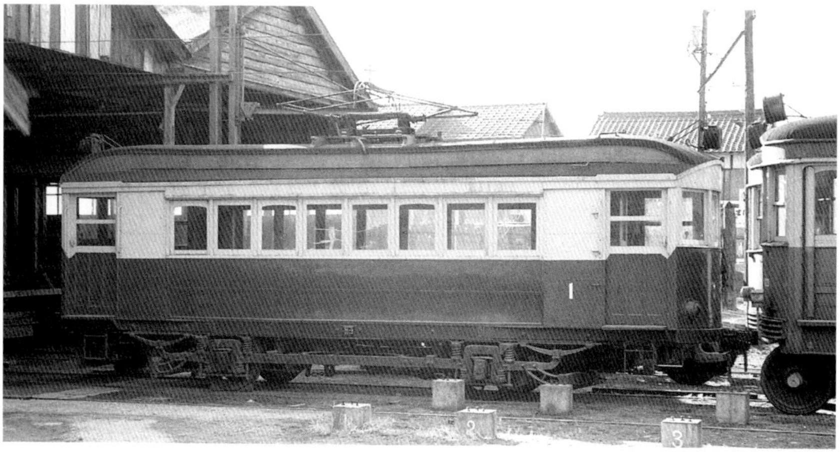

１型１号も２号と同様に、デッキに扉が設けられていた。
1961.1.31 P：高橋 弘

廃車後の姿と思われる１型３号。
1960.3 P所蔵：宮武浩二

四国水力電気変１型13号。１型よりやや小柄な車体で、側面中央に四国水力電気の社紋が描かれているのが見える。
1937年頃　今橋車庫
P所蔵：宮武浩二

●変１型(13～16) ／撒水車(101)

東讃電気軌道は1915(大正４)年に今橋から高松築港まで路線延長を計画、第一段階として比較的民家の少ない公園前まで路線を延長したが、経営不振から四国水力電気に経営統合を持ち掛け、1916(大正５)年に四国水力電気に吸収合併された。経営を引き継いだ四国水力電気では当初の計画通り高松市内線の延長を進め、1917(大正６)年に高松桟橋前まで完成した。それにより鉄道連絡船との乗り継ぎも容易になった。

延長区間の車両購入については大手の車両メーカーが受注に応じず、自社で車両を製作していた長崎電気軌道に発注して、1918(大正７)年２月に４両が納車された。『四水三十年史』によると「優秀な新式客用電車四輌を買い入れ運転回数を多くし、市内の交通は益便利となった」とある。車体は１型より短くなり、台車はブリル21Eであった。

通説によると最初から16は使用されないまま撒水車に足回りを提供したとあるが、四水社史の通り、市内線の複線化では道路を拡幅したのではなく、溝に板を敷いて道幅を広げたたため、電車と民家の間が狭くなると沿線住民から反対運動もあって、会社はその対策として撒水車の製造を決め、軸間距離の短い台車を履いていた16の機器を使い1926(大正15)年11月に高松市の高尾鉄工所で製作した水槽等と車体を入れ替えて撒水車101に改造したと考えたほうが自然であろう。

その後16の車体は用途のないまま、戦後は骨組みだけが今橋車庫に残っていた。13・14・15は１型同様に戦時中の酷使で車体が傷み、特に14はＬ型のアングルを正面に取り付けるなどで応急的にしのいでいたが、13・14・15も間もなく廃車された。15は24とともに長尾線井戸駅の南側で駅舎代わりに使用されていたが、1965(昭和40)年頃には天井も落ちて朽ち果てた。撒水車101も出晴駅で戦災に遭い、1950(昭和25)年に廃車されている。

琴電移管後の昭和24年に撮られた変１型14号。この頃は東急からの譲渡車60型が整備中で、まだ現役で稼働していた。
1949.6　瓦町　P：亀井一男(所蔵：宮武浩二)

四国水力電気の撒水車101号(右)。
P出典：『高松琴平電気鉄道60年のあゆみ』高松琴平電気鉄道刊

四国水力電気が輸送力増強用に６両増備した鋼製ボギー電車が由来の琴電50型(55)。市内線と郊外線の直通に備えた軽快なスタイルが特徴。
1961.1.31　八栗新道－塩屋　P：高橋　弘

●50型(51 ～ 56)

1928(昭和３)年３月に高松で産業博覧会が開催されることになり、当時の高松市内線では単線区間が多く途中駅で離合するためスピードアップと輸送力に限界があり、この機会に市内線の完全複線化(栗林公園前～瓦町間を除く)と車両の大型化が計画され、２工区に分けて1929(昭和４)年４月までに複線化が完成した。

車両も同線初の鋼製ボギー車50型６両を梅鉢鉄工所に発注、産業博覧会に間に合わせた。外観は緑色の塗装で電装品台車ともに日立製作所製となり、高床式のボギー車で当初はダブルポールが前後に２基ずつ付いていた。乗降口はステップ付で路面電車タイプの車両であった。

製造間もない頃の四国水力電気50型51号。ダブルポール集電で、郊外線ではシングルポールで運転していた。乗降口にステップが設けられている。　1937年頃　屋島
P所蔵：宮武浩二

Yゲルからさらに景山式簡易パンタグラフに交換された50型(56+52)。ステップは鉄道線のホーム高に合わせ切り上げられている。56号の左には房前駅の駅舎になった旧高松電気軌道25号の車体が見える。
1961.1.31　房前
P：高橋　弘

50型の登場と市内線の複線化で輸送量・収入ともに３割増えて、戦前の黄金期であった。しかし高松大空襲で高松市内は壊滅的に破壊され、市内線も休止となった。この時52が出晴で焼失したがのちに復旧している。

戦後は琴電高松駅(現在の瓦町)から八栗まで(戦時中に八栗～志度間は休止)の路線に東京急行電鉄から購入した元京浜電鉄の60・70型６両が走るようになると、旧市内線を走っていた50型も集電装置をYゲル(のちに景山式簡易パンタグラフ)に交換、前照灯も前面腰板部分から屋根上に、２枚引き戸の扉も１枚引き戸に改造、乗降用ステップを撤去し鉄道線並みに改造したが、出入口から客室に入るところで段差が1段残っていた。

■高松琴平電気鉄道50型(51 ～ 56) 車両竣功図表　　資料所蔵：宮武浩二

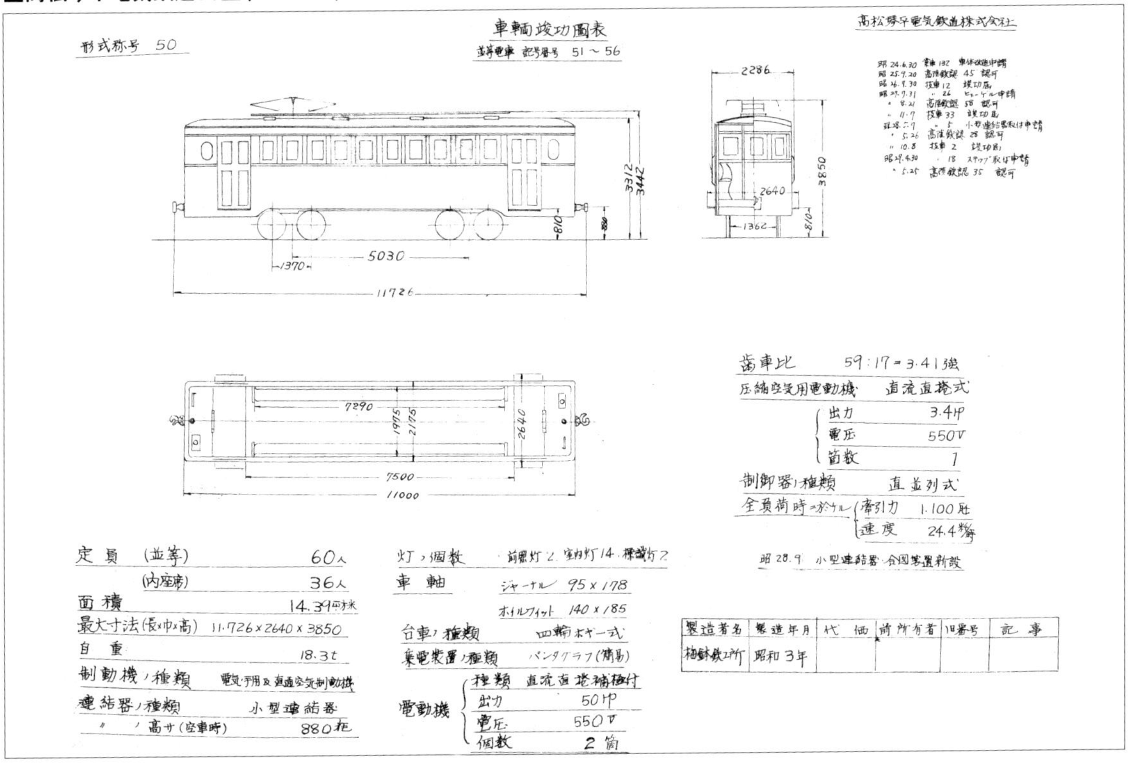

長尾線で活躍する50型53号。小型車の50型は長尾線でも重宝された。
1960年春　瓦町　P所蔵：宮武浩二

しかし、直接制御のままであったため朝夕の連結運転には乗務員２人の協調運転が必要なこと、小型で収容力が小さく、自動扉に改造していなかったこともあって徐々に活躍場が少なくなり、阪神電鉄からの譲渡車両と入れ替わりに廃車された。

最後は51が工事用車両として夜間運転されていたが、61号がこれに代わることとなり52とともに平木駅に留置、その後今橋旧工場に移されて1970(昭和45)年頃に解体された。

路面電車時代の尾灯を幕板に取り付けた、愛くるしい姿の50型54号(51号も同タイプ)。　1960年頃　瓦町　P所蔵：宮武浩二

50型55号が単行で志度線運用に就き、志度行下り列車として新川を渡る。　1961.1.31　春日川ー潟元　P：高橋　弘

長尾線の前身、高松電気軌道により新造された木造単車20型29号。東急から購入した60型の導入で廃車された。　1949.6　P：亀井一男（所蔵：宮武浩二）

2.2　旧高松電気軌道の車両

●20型（21 ～ 29）

長尾線の前身となる高松電気軌道が出晴～長尾間の開業用に梅鉢鉄工所発注した木造四輪単車。1912（明治45）年に5両（21 ～ 25）が新製、翌1913（大正2）年に4両（26 ～ 29）が増備された。小柄な車体ながら、シングルルーフの屋根に飾り窓付きの車体はお洒落な外観であった。電装品はアメリカGE製、台車もブリル21E、車体は大阪の梅鉢鉄工所製であった。

高松琴平電気鉄道へ統合合併後、狭軌から標準軌に改軌するにあたり20型も台車を改造して標準軌になった。戦災で4両が焼失、残った5両も戦中の酷使のため車体は傷み、戦後早々に姿を消していった。

最後は24が長尾線井戸駅で駅舎として、25が志度線房前駅の待合室に、29が長尾線花園駅で車体のみ駅舎と踏切番小屋となっていたが、いずれも昭和40年代後半に姿を消している。

●30型（31・32）

高松電気軌道が購入した貨物電車。沿線の貨物などを高松市内に運ぶための木造四輪単車である。当時は沿線の道路事情も悪く、貨物電車の登場で沿線住民は大いに喜んだ由。戦時中も一日のうち朝と夕方に2回運行していたが、高松空襲で32号が出晴駅とともに焼失し、この時点で貨物輸送は休業に追い込まれた。

残る31号もその後さしたる用途もなく、白く色褪せた姿で今橋駅東側線に1型の廃車数両とともに放置されていた。1967（昭和42）年頃に解体された。

廃車後、志度線房前駅の待合室として使用された20型25号の車体。　1961.1.31　P：高橋　弘

高松電気軌道時代に新製された貨物電車30型31号。　1960.3　P所蔵：宮武浩二

新川を渡る志度線3000型315号＋300号の２両編成。バックの屋島山中腹に屋島ケーブルが行き交う姿が見られる。
1976.1.25　潟元ー春日川
P：高橋　弘

栗林公園駅に停車中の琴平線下り電車。1000型の２両編成で、巨大なパンタグラフと床下のトラス棒が目を惹く。両端戸袋の楕円窓はこの時点で閉塞されている。ホームは琴平電気鉄道開業当時からのもので、上家がY型になっている。　1954.4.8　P所蔵：宮武浩二

2.3　旧琴平電気鉄道の車両

●1000型（100・110・120・130・140）

1926（大正15）年、琴平電気鉄道が開業に合わせて準備した10両のうちの５両。車体は汽車会社東京支店で製造、地方鉄道法の高速鉄道として設計され、電装品などは大倉組が輸入したアメリカ・ウェスティングハウス製の制御器、主電動機はドイツ・アルゲマイネ製、制動機器はドイツ・クノール製と輸入機器を組み合わせたものでドイツ人の技術者を招き仏生山で組み立てられた。

この組み合わせは琴平電気鉄道の意向に沿ったもので、当時手広く車両部品の輸入を行っていた大倉組らしい組み合わせといえる。車体は阪神急行電鉄の81形木造車を鋼体化したような優雅なスタイルでニス塗りの車内、ホーロー挽のHポールの美しい車内は評判であったという。車号も楕円形の真ちゅう製の番号板が６ヶ所取り付けられていた。

1000型140号ほか２両編成。いずれもトラス棒は撤去されているが、140の両端戸袋は楕円窓が残されている。
1961.2.1　岡田　P：高橋　弘

1000型130号と元宮城電鉄の木造車を鋼体化した2000型230号による2両編成。1000型は腰板下半部のリベットがなくなっている他、両端戸袋窓もHゴム支持とされている。運転士用のベンチレーターを取り付けた関係から、車号板は3000型も同様に向かって左側に全車移設された。
1969.4.2　仏生山
P：荻原俊夫

琴平電気鉄道は高松駅から最短で琴平までつなぐルートとしてスタートしたが、1926(大正15)年12月に栗林公園から途中の滝宮まで部分開通、滝宮から琴平間は1927(昭和２)年３月に開業、高松市街地の中心といえる高松駅(現在の瓦町駅)まで同年４月に開通させ、四国水力電車の市内線を介して高松桟橋から琴平までのルートを完成させた。会社としては高松桟橋までの延長は計画されていたが、実現したのは高松大空襲で被災したあとの都市計画までまたなければならなかった。

1000型は登場時マルーンであったがのちに緑の濃淡二色塗となり、戦時中は青みがかった緑一色に、戦後はクリームとグリーンの二色塗分けとなった。戦時中、琴平電鉄の車両は被災しなかったが唯一仏生山車庫にいた140が艦載機による機銃掃射を受け、砲弾の跡が台車に残っていた。

■車両竣功図表　高松琴平電気鉄道 1000型(100・110・120・130・140)　資料所蔵：宮武浩二

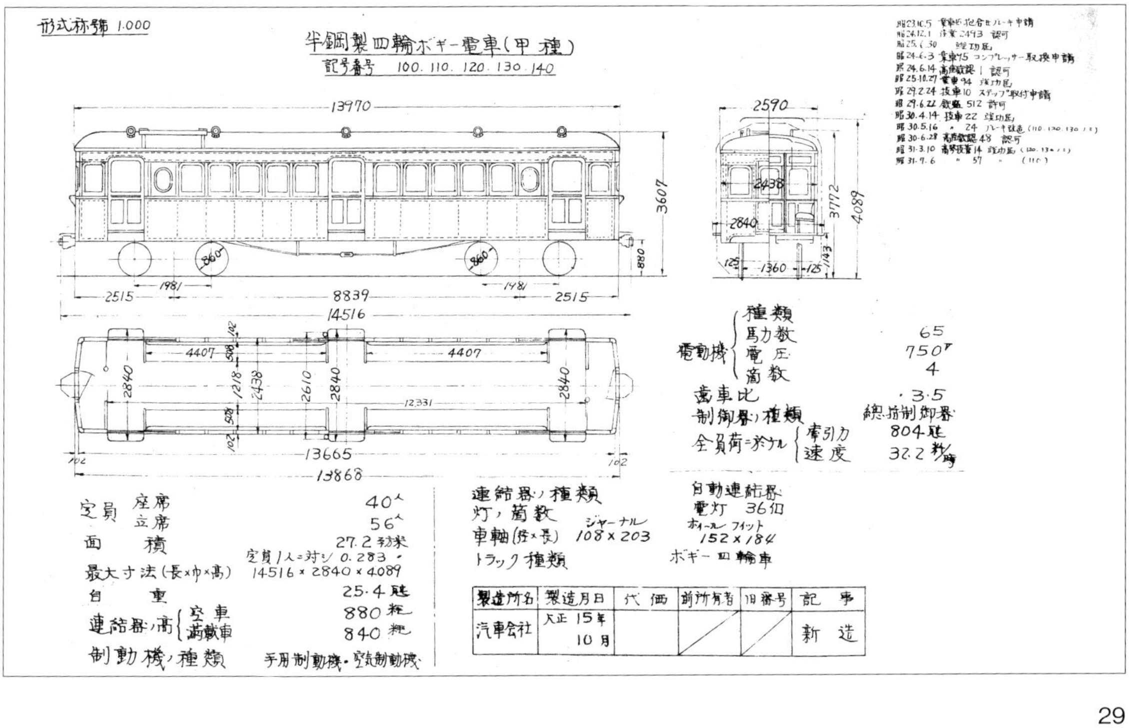

1000型100号。28頁上の写真と比べると、この15年の間にも大きく姿を変えている様子が窺える。　1969.4.2　仏生山　P：荻原俊夫

1000型は1948(昭和23)年に台車の改造を行い片締めから両締めに5両ともに改造、これは後述の11000型の貨車改造客車と連結運転するための改造である。

1952(昭和27)年に幅広の10000型の登場で琴平線のホームが削られたため客扉の場所にステップを取り付けた。1954(昭和29)年に故障の多かったクノール式のコンプレッサーをDH-25に置換している。

1958(昭和33)年から車内がニス塗りから薄いパープルグレーの塗りつぶしとなった。100は、1960(昭和35)年頃にパンタグラフ他電装品を外して制御車として使用されていた時期があった他、楕円形の戸袋窓も各車で閉塞されたものや小型化されたものも存在した。

昭和40年代に行われた1000型の車体更新の際に方向転換した。理由は床下機器の位置を統一するためと聞いている。1966(昭和41)年から車体更新が始まり、電気関係の更新の他、扉を半自動から全自動に改造、楕円型の特徴ある戸袋窓を四角いHゴム支持に改造、パンタグラフも阪神から購入したものに交換、車内灯も蛍光灯化されるなど現在見られるような姿となった。

下半色をマルーンからファンタンゴレッドに変更後の1000型110号。アルミサッシに交換された客窓が目立つ。
1976.1.25　仏生山　P：高橋　弘

晩年にレトロ電車カラーとして、再度クリーム＋マルーンに塗り替えられた後の1000型120号。令和になるまで主にイベント運転用として使われた後、現在でも構内車として残されている。
2016.11.3　仏生山　P：宮武浩二

1970（昭和45）年頃から元名鉄車と同じように車内はライトグリーン色となり、シートも国鉄ブルーから阪急オリーブ色に統一された。設備面でも扇風機や暖房装置などの取付が行われ、古いながらも良く整備されていた。

昭和50年代に全車志度線に転じたが、1976（昭和51）年に志度線今橋駅東踏切で起こった1000型同士の正面衝突事故で110と140が廃車された。1998（平成10）年に130、翌1999年に100が廃車となり、現在は120が構内車として残されている。

1000型120号のパンタ側正面。現在パンタは琴平向となっている。　2016.11.3　仏生山　P：宮武浩二

1000型120号の製造銘板。「汽車製造株式会社 東京支店製造 大正十五年十月」の文字が読める。　2020.1.12　P：宮武浩二

1000型120号の運転台。米国ウェスティングハウス製の主幹制御器が今なお残る。　2016.11.3　仏生山　P：宮武浩二

瓦町駅長尾線ホームにて、3000型335と1000型120が顔を並べる。スマートで優雅な1000型に対し、3000型は直線的で武骨な印象がある。
1977.3　瓦町　P：宮武浩二

●3000型(300・315・325・335・345)

1000型と同時期に日本車輌東京支店で５両製造された。変わっているのは番号の付け方で300の次は315となり、あとは10進数で325・335・345と付番されている。内容は1000型に準じたもので外観の違いは２丁パンタを想定してパンタ台が取り付けられていること、台車は住友金属の一体鋳鋼台車であることなど違いがみられる。1000型とは同性能なので同一として扱われていた。

戦後に台車を住友金属工業に送り、片締め式から両締め式に改造されたが、費用がことのほか高くかかったことから、300・345については改造が見送られた。

1963(昭和38)年頃から台車未改造の300・345が600Vに降圧して志度線に転属、他の車両も志度線に転じた。この転属については3000型の車幅が1000型より若干狭かったからといわれている。

車体更新は1000型と同時に行われたが、運転士からの要望で315については運転台の拡張工事が行われ、運転席の後ろに座席を設置し扉を窓１個分移設した。しかし移設した扉が開いたときに完全に戸袋に収納できないことや経費が掛かり過ぎることで、次の更新からは運転席の拡張は行われなかった。

3000型345号のマルーン一色時代の姿。屋上に予備パンタ台が見える。345は方向転換されていたため、高松寄りにパンタグラフがある。
1949年頃　栗林公園
P：高橋　弘

3000型315号。1000形同様、巨大なパンタグラフが印象的。台車は両締めブレーキに改造されている。1954.4.8　仏生山　P所蔵：宮武浩二

3000型335号。この時代は床下にトラス棒が残っている。 1954.4.8　仏生山　P所蔵：宮武浩二

3000型335号。前頁下と同じ車両であるが、その後の改造でパンタグラフ交換、両端戸袋窓のHゴム支持化、床下トラス棒の撤去が行われ、印象が変化している。
1969.4.2　仏生山　P：荻原俊夫

台車については300・315・345が阪神の台車に振り替えられ、外した台車の内両締ブレーキに改造されていた台車は元京浜の62へ、片締ブレーキの台車は61および元阪神の55（55は電動機無し）に移された。61の廃車後は37に振り替えられている。

345は3000型の最後の更新車になったが、工事途中で元名鉄車などの整備が重なり、一時はそのまま廃車になることも考えられ、更新作業の途中で仏生山に放置されていた。1972（昭和47）年に高木 亙氏が技術部長に就任してから345の更新が再開されたため、他の3000型と異なり、車内がそれまでのパープルグレーの塗りつぶしから塗料を落として昔のニス塗りに戻され、廃車まで維持された。なお車内のニス塗りについてはその後65・760に波及したが、のちにライトグリーンに戻されている。一方最初からアルミサッシの窓枠や扇風機も設置されるなどグレードがアップされて

車体下半部がファンタンゴレッドに変更された後の3000型300号。この後クリーム＋マルーンに戻り、現在は茶色一色となっている。
1989.3　仏生山　P：宮武浩二

■日本車輌図面　琴平電鉄3000 型(300・315・325・335・345)　資料所蔵：宮武浩二

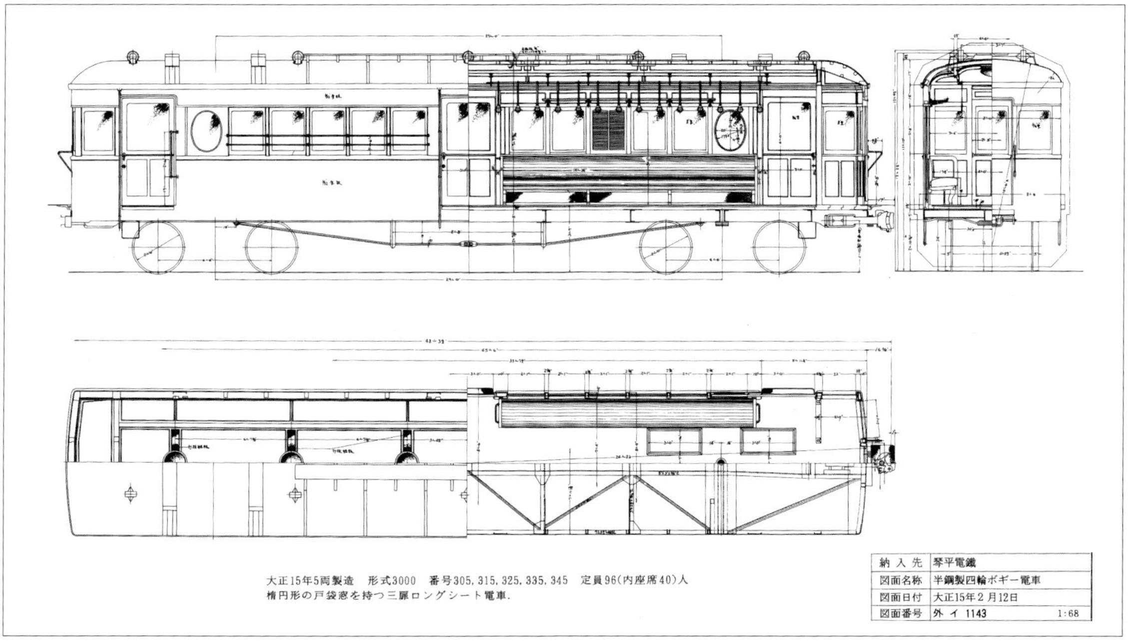

いる。この時期は積極的に車両のサービス改善工事が行われ、各車両の窓をアルミサッシ化とバランサーの取り付け、扇風機の設置、積極的に車両の改善が進められた時期でもあった。

1999(平成11) 年に345が、2006(平成18) 年に325と335、2007(平成19) 年に315が廃車となり、台車はデカ1に転用された。335は高松市牟礼町の「道の駅 源平の里むれ」で休憩施設として保存されたほか、現在は300のみ構内車として残されている。

■車両竣功図表　高松琴平電気鉄道 3000型(300・315・325・335・345)　資料所蔵：宮武浩二

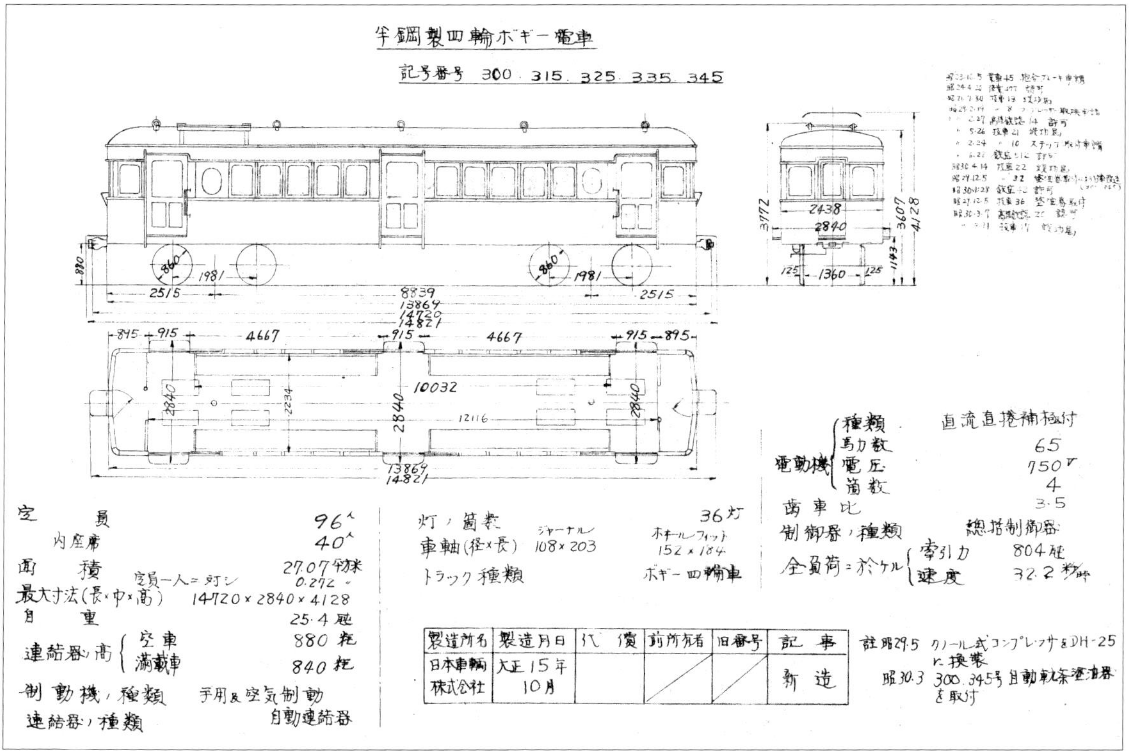

3000型のうち315号のみは前後両側の運転台スペースが拡張され、窓配置が変更されている。　1977.8　瓦町検車区　P：宮武浩二

3000型315号の、上写真の反対側。拡張による窓配置変更は前後ともに運転台側のみで、助士側は外見上の変化はない。
1977.8　瓦町検車区　P：宮武浩二

「レトロ電車」として戸袋窓の楕円形復元や塗色変更が行われた後の3000型300号。令和になってからも動態保存車としてイベント運転などに用いられてきたが、現在は構内車となった。
2017.6.18　栗林公園　P：宮武浩二

「レトロ電車」3000型300号の正面。
2010.11.3　仏生山　P：宮武浩二

3000型300号の製造銘板。「日本車輌会社 大正十五年製造」の文字が読める。
2017.11.4　P：宮武浩二

琴電に在籍する1000型120号および3000型300号の２両が、2008(平成20) 年に経済産業省より「近代化産業遺産」に認定された際に掲げられた銘板。
2017.11.4　P：宮武浩二

琴平行820＋810の後部に増結された5000型520号と1000型。後部２両は仏生山で切り離し、再び高松築港行の先頭に増結する運用であった。
1969.4.2　瓦町－栗林公園　P：荻原俊夫

●5000型（500・510・520）

1928（昭和３）年に大阪市築港田中町にあった加藤車両製作所で、両運転台の制御車として３両製造された。主な寸法は1000・3000型に準じたもので、車体は角ばった半鋼製、貫通扉は引き戸とされ、台車は加藤製作所設計の組立台車となった。

台車の乗り心地もあってか琴平駅の側線や高松駅の側線で眠る日が多かったが、旧国鉄の木造電車２両が琴平線用制御車610・620として1953（昭和28）年に購入されると5000型を電装して相棒にすることになり、急行用車両1010型（中巻に掲載予定）の新造用に確保していた営団地下鉄1000型の台車を使い電動車化された。これが1010型の竣工が遅れた原因ともなった。

■車両形式図　高松琴平電気鉄道 5000型

資料所蔵：宮武浩二

車　両　形　式　図

高松琴平電気鉄道株式会社

車種　普通鉄道旅客車（制御電動車　DC　1500V）　　記号番号　500

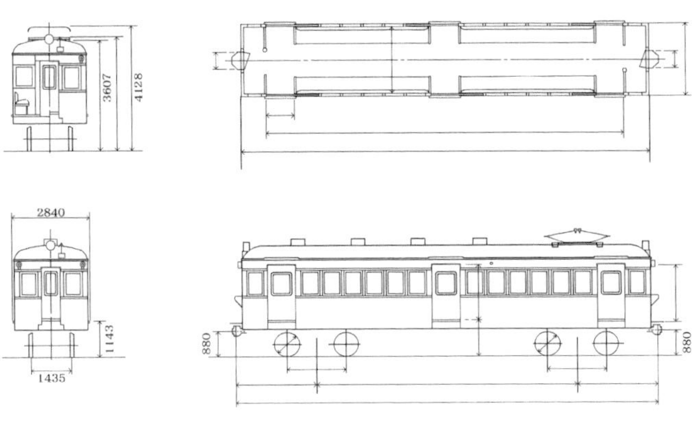

空車重量	32. 0t	ブレーキ装置の種類	急動弁付電磁SME
定員	96人	保安ブレーキの種類	電気指令式
座席定員	40人	連結器の種類　運転室側	NCB－3自動密着連結器
最大寸法（長さ×巾×高さ）	14516×2840×4089	貫通路側	NCB－3自動密着連結器
主電動機　種類	直流直巻き補極付	運転保安設備の種類	誤出発防止速度照査型自動列車停止装置
連続定格出力	80, 0kw		
個数	4個		
台車の種類	揺れ枕釣合梁式		
駆動方式	つり掛け式		
歯車比	69:22（3. 14）		
制御装置の方式	総括制御HL		

図番	第　号図	図名	車両形式図号（新）
設計		課名	車両所
審図		尺度	高松琴平電気鉄道株式会社
製図		月日	

1000・3000型の増備車として1928(昭和３)年に３両が製造された5000型は、当初制御車として製造されが、後に制御電動車化された。写真は500号。
1954.4.8　仏生山　P所蔵：宮武浩二

5000型は正面が平妻であるほか尾灯が幕板に付き、1000・3000型と見た目の印象が異なっている。写真は520号。
1954.4.8　仏生山　P所蔵：宮武浩二

元木造省電の6000型620号と編成を組んだ5000型510号。　1954.4.8　瓦町　P所蔵：宮武浩二

パンタグラフは1000・3000型とは異なり高松寄りに設置され、主電動機も大きいことから500は単行の急行にもよく使用されていた。1966(昭和41)年に3両とも阪神から購入した台車に振り替えられ、琴平線の増結用として運用された。1000・3000型が琴平線を去る中で5000型が長く琴平線に残ったのは、運転席が若干広かったからと聞いている。

昭和50年代に志度線に転じた。1985(昭和60)年に520が廃車、1998(平成10)年に510が廃車、そして2020(令和2)年に500が廃車になったが、現在500は高松市内の会社敷地内で保存されている。なお520が廃車になった際に、510の車体が振り替えられた。

クリーム＋マルーン時代の5000型520号。　1969.4.2　仏生山　P：荻原俊夫

クリーム＋ファンタンゴレッドに塗り替えられた後の5000型500号。上辺R付の窓枠がアルミサッシに替えられ、より直線的な印象となっている。
1976.1.25　仏生山　P：高橋　弘

5000型500号の室内。平妻ゆえか正面貫通扉は横引きとなっている。
2010.11.3　P：宮武浩二

5000型500号の製造銘板。「株式会社 加藤車両製作所 昭和３年２月製造」の文字が読める。
2010.11.3　P：宮武浩二

5000型520号の台車。　1969.4.2　仏生山　P：荻原俊夫

5000型500号の運転台。3000型と同様、米国ウェスティングハウス製の主幹制御器が残る。
2010.11.3　P：宮武浩二

国鉄ワフ(有蓋緩急車)改造の制御客車11000型を両端に連結した、3両編成の旅客列車。走行状態の写真は極めて珍しい。11000型の推進運転については慎重さが求められたと言われる。
P所蔵：縄田　允

3. 高松琴平電気鉄道の車両(貨車由来のもの)

●11000型(1110・1120・1130・1140・1150・1160)

1939(昭和14)年に作られた国鉄の有蓋緩急車ワフ25000形を、1947(昭和22)年8月に6両払い下げて2軸のまま制御客車としたもので、琴電では1000型の前と後ろに連結して走ることをもくろんでいたが、牽引ならいざ知らず推進運転となると不安視され、認可に際しては1年以上待たなければならなかった。

1948(昭和23)年10月13日付けで運輸省陸運監理局長から通達があり、認可に際しては「本制御貨車は琴平線片原町(当時は築港仮駅が開通していなかった)から琴平において1000型の先頭に連結して推進運転することは差支えない。但しこの場合の連結貨車数は1両とし速度は直線路において最高65kmを超えてはならない」とされた。付帯として陸運管理局監理部技術課柴崎技官から、さらに8項目の絶対厳守事項が提示された。

国鉄ワフ25000から改造された琴電11000型。窓の増設や客扉交換、前照灯の追加が行われたものの、外観の印象はほぼ貨車のままである。
1949.6　P：亀井一男
(所蔵：宮武浩二)

用途を終えたのか車輪が抜かれている11000型1160号。貨車時代の鋼製の扉は改めて上部レールを追加の上で木製のものに交換されている。
1954.4.8　仏生山
P所蔵：宮武浩二

1. 震度試験成績において琴平線の５箇所の駅間(栗林～太田・太田～仏生山・一宮～円座・栗熊～岡田・羽床～榎井)等の区間は線路状態が余りよろしくありませんから至急補修してください。尚今後前線路保守低下を防止する対策を立ててください。
2. 連結器の高さ880mm標準に留意してください。
3. M(満員)、T(空車)のような荷重条件の運転は避けてください。
4. 過速の恐れある箇所や急曲線部には、速度制限標(又は制動標)を設定してください。
5. 運転手には推進運転の特殊性危険度率を周知徹底され、電動車なみの安易な運転観念を持たぬよう指導してください。
6. 推進の際の回復運転は過速する危険がありますから厳に禁じてください。
7. T・M・T編成の運転は圧縮機容量から避けてください。
8. 震度表からみて、TM連結移置を反対にする方が、線路片勾配からよろしいかと思います。

厳達とも忠告ともとれる使用認可が下りて、1110・1120・1140が琴平向き制御車、1130・1150・1160が高松向きの制御車として琴平線を走り出した。

用途を終え仏生山駅の構内に留置された11000型1110号(左)と1130号。窓が塞がれた姿は貨車そのものである。　1969.4.2　P：荻原俊夫

仏生山の車庫内に並んで置かれた11000型２両(手前より1160・1150)の廃車体。1160はオイル倉庫、1150は理髪室になっていた。
1969.4.2　P：荻原俊夫

しかし、いかに混雑が激しくて満員状態であっても一段リンクバネの２軸車を旅客車として使うのであるから、車内の振動や動揺は相当なもので、乗車体験した乗客からは二度と乗りたくないと声もあったとのことである。

旅客車への改造にあたっては足回りの幅を拡張して標準軌にした他、塗装は青みがかったグリーン一色とし、内装は琴平町の木工場である都村製作所の外注で内容は車内は幅15cmほどの板を横方向に取り付けニス塗りとし、板張りの座席、屋根から吊り手に変わる木製の握り棒が２本縦方向にあるだけ、室内灯も電球で窓は運転席側は３ヶ所、側面は６ヶ所、連結面は１ヶ所の窓が取り付けられた。大きな外吊り扉は重かったそうだ。

実際は1000型の前後に11000型の客車が連結されている写真があって、許容範囲内と現場は考えていた節がある。このうち1140は廃車になった１型のラジアルトラックが取り付けられたが、ピッチングが激しく使い物にならなかった。

それでも３年７ヶ月もの間使用されていたということで、それ以降は休車になって瓦町や仏生山の側線に留置されていた。筆者が見た最後は1110と1130が仏生山の側線で未更新の345と並ぶ姿、1120が塗装工場一番奥で倉庫に、1150は足元を外されて工場の理髪室に、1160も並んでオイル倉庫になっていたが徐々に姿を消し、最後は1140が瓦町変電所の建物横で足を外されて瓦町駅の再開発まで残っていた。

瓦町変電所の前に置かれた11000型1140の廃車体。1140は現役時、廃車になった１型のラジアルトラックを履いていたが、残念ながらこの写真の時点では履いていない。
1977年夏　瓦町　P：宮武浩二

仏生山工場の構内に置かれていた11000型1150の廃車体。1160は解体され、1150のみが残っている。　1976.1.25
P：高橋　弘

●13000型（1310・1320）

国鉄からワフ25000形と同時に、トラ１形3131とトラ20000形22129の２両の無蓋貨車の払い下げを受けたもの。当初琴電では標準軌に改造したうえで車体を新造し、11000型と同様の制御客車とする計画であったが、ワフの改造でも資材が揃わず遅れ気味であったため、大掛かりになる無蓋貨車からの改造は見送られ、改軌のみで貨車のまま使用されることになった。

円座駅と岡本駅の間および榎井駅近くに砂利砕石の積み下ろし場があり、河川で採石した石を線路のバラストに使用するための採石の運搬などに使われたが、河川での採石が禁止となった後は用途がなくなった。琴平線の線路に川石を見かけるのはそのためである。

1956（昭和31）年に1320が廃車され、その部品が後述の貨物電車デカ１の製造時に流用されている。一方1310は長らく仏生山の側線に放置されていたが、1972（昭和47）年に腐食した木部を更新、現在見られるような姿となった。更新までは車番が記入されていたものの、更新後は記入されなかった。本線を走る用途がないため台車を積み込んで移動するなど、工場内だけで使用され、本線では走ることはない。

国鉄から譲渡された無蓋貨車13000型1310号。寮車の1320号はデカの種車になったが、1310は更新を受け健在である。車載されているのは名鉄3700型が履いていたブリル台車で、改軌工事を実施し、次の購入車両用に備えていた。
1975.12.30　仏生山
P：荻原俊夫

琴電仏生山工場のマスコット的な存在として知られる無蓋貨物電車デカ1。　1984.5.19　仏生山　P：荻原二郎

●デカ1（1）

1957（昭和32）年に仏生山と今橋両工場の物資運搬用に自社の手持ち部材で電動貨車を作ることとし、前年に廃車された1320の車体の中央で切断して車体を延長してボギー式の無蓋電動貨車を完成させた。

車体の中央に小さな運転室を設けて屋根上にパンタグラフを設置、台車は京浜急行から購入していたペックハム台車で、中古ブローカーから購入した明電舎の主電動機を使用した。運転台が狭いため運転は横向きに取り付けられた。

普段は仏生山に駐在していたが、新工場が仏生山の西側に建設されると旧工場からの車両の入れ替え、保線の夜間作業、瓦町検車区との連絡便など昼間時間でも走行する姿が見られた。その後ホイストの設置、除草用薬剤のタンクの設置などが行われ、あらゆる用途に使用された。

1966（昭和41）年に加藤組立台車に交換、ペックハム台車は工場の仮台車化された。2007（平成19）年には廃車になった315の台車や機器を使い、更新されている。現在でも現役で使用されている。

上写真の反対側、乗務員扉側の側面。古典的な台車は、5000型の加藤組立台車を一部改造したもの。
1976.1.25　仏生山
P：高橋　弘

昭和32年竣工当時のデカ1。ウェスティングハウスの大型パンタグラフを搭載、京浜由来のペッグハム製の台車を履く。
1957.9.9　仏生山
P：沖中忠順（所蔵：宮武浩二）

現在のデカ１。台車・主電動機は阪神881型のもの、パンタグラフも阪神由来のものに交換されている。
2023.10.3　仏生山
P：宮武浩二

Column3　琴電における方向転換について

戦前の写真を見ると、1000型のパンタグラフの付いている側が高松寄りであったり琴平側であったりすることから、方向転換していた事実がある。また戦後になっても、築港側に運転台があった820を方向転換して同型車810と連結し２両編成としたほか、志度線の50型の一部を方向転換していた。1000型については戦前から方向転換していただけでなく、1966（昭和41）年の更新までは５両とも現在とは逆に、高松側にパンタグラフが付いていた。

現場で方向転換のやり方を聞くと、仏生山工場の一番奥に５線分並んだ線路があるので、そこで片側の台車を外して、移動用の台に載せて一番遠い線路に外した台車を持ってきて車体に組み込み、次は後側の台車を外して同じように台に載せながら向きを変えたそうで、作業は半日ほどで出来たとのこと。工場の奥で行っていた作業だけに人目に触れることなく、関係者しか知らない事実でもあった。

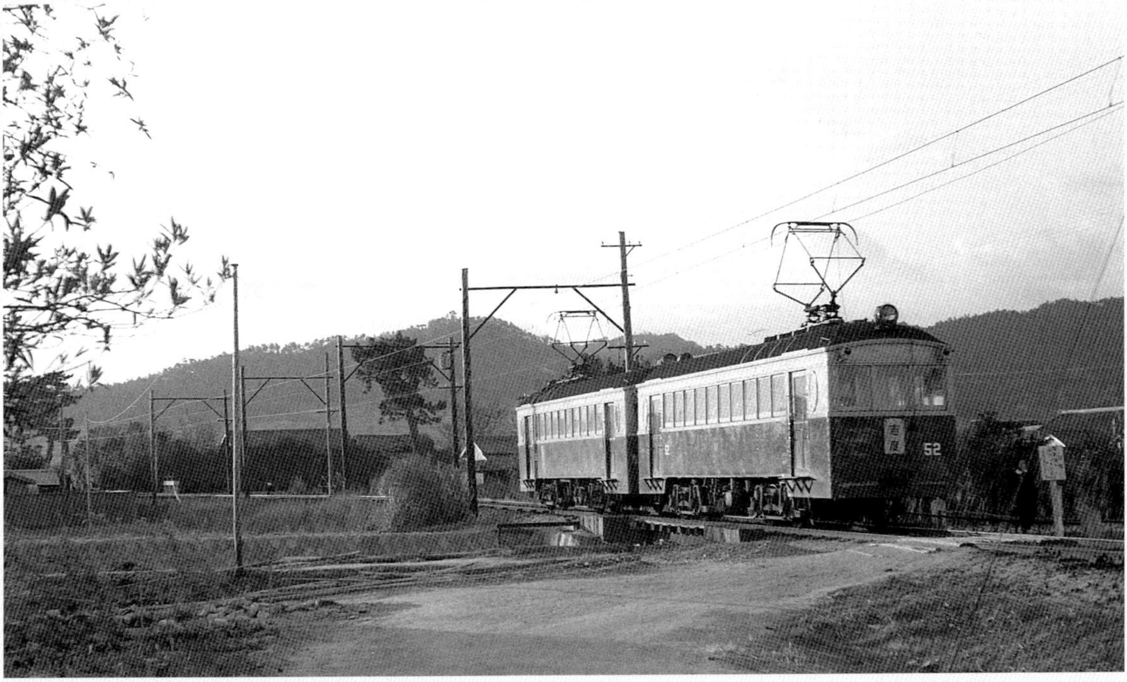

連結して走る２両の50型（元四国水力電気）は双方反転した向きとなっている。　1961.1.31　房前　P：高橋　弘

上巻のおわりに

明治・大正および昭和の戦前までは、琴平、志度・長尾線ともに中古車両の購入などはなく、整ったものであった。特に琴平電気鉄道は、車両も最新式で駅施設も立派なものが多く、琴平駅や高松駅はターミナルとして相応しい鉄筋コンクリート製であった。「春は歓楽境讃岐の旅へ！　走る！走る！関西一の高速度電車‼　金刀比羅参詣に塩之江の行楽に琴高電車の乗心地と沿線の美を味はひ給へ‼　全線50分の超スピード」と自信たっぷりの広告が新聞雑誌に掲出されたが、それほど軌道整備と車両整備が行き届いていたことになる。「讃岐の阪急」と呼ばれた所以がここにあった。

戦後になって世相が落ち着いて観光ブームが始まると、琴電も素早く反応し、新型電車を投入、「こんぴら行急行電車40分」と戦前よりも速いスピードで琴平までの観光客を誘致した。この効果は絶大で、最盛期には３本の専用電車を導入して、高度成長期の観光ブームに社運をかけたのである。しかし紫雲丸事故で四国への観光客は減少、四国の観光が宇高連絡船に依存度が高かったことを知らされると同時に、この事故以降、水難事故のないよう瀬戸大橋架橋へとシフトしていった。

そして1988（昭和63）年に県民の念願だった瀬戸大橋時代が始まった。観光客はJR線の他、観光バスやマイカーで本州から乗り入れるように交通体系が大きく変わると琴電も通勤路線重視に転換して、片側４枚扉の電車が走る姿は、隔世を感じる。

中巻では、各地の私鉄からの譲渡車や新造された急行車両の登場など、多くの鉄道ファン垂涎した頃の琴電を紹介することにしたい。

宮武浩二（元大阪市交通局職員）

元貨車の11000型の廃車体が置かれるなど、雑然とした仏生山工場の脇を行く1000型130+2000型230の２両編成。右には無蓋車1310と更新工事が中止された345、そしてワフ改造11000型の廃車体が並ぶ。　1969.4.2　P：荻原俊夫